dtv

»Bei dir ist sowieso alles anders ... Wenn alles genauso wäre wie zu Hause, wär's ja langweilig ... Dann brauchten wir ja gar nicht zu kommen.« Julian und Nikolai stehen für alle Enkelkinder, denn nicht viel anders als bei Ursula Haucke geht es in Millionen von Familien zu. Unbestreitbar hat sich das Erscheinungsbild der Großmutter in den letzten Jahrzehnten gehörig gewandelt. Da sitzt keine Oma mehr Strümpfe stopfend im Lehnsessel und wartet darauf, daß sie gebraucht wird. Omas heute sind immer für eine Überraschung gut, genauso wie die lieben Kleinen selbst. Auch der Umgang miteinander ist anders geworden, aber die Gefühle für den Nachwuchs sind die gleichen. Oma ist da, um ihre Enkel zu verwöhnen, ihnen zuzuhören, ihre Probleme ernst zu nehmen. Andererseits weiß die routinierte Großmutter auch, daß sie sich bei der Erziehung besser nicht einmischt ... Ursula Haucke steht in regem Gedankenaustausch mit Freundinnen, die ähnliche Erfahrungen machen wie sie selbst. Und sie erzählt davon mit Humor und einer gehörigen Portion Selbstironie. Alle sind sich einig: »Im erfolgreichen Umgang mit Kindern ist man immer auch auf ein bißchen Glück angewiesen. Genau wie im übrigen Leben.«

Ursula Haucke lebt in Berlin, hat zwei Töchter und zwei Enkelkinder, ist freie Schriftstellerin und außerdem bei Rundfunk und Fernsehen tätig. Bekannt als Hauptautorin der Sendereihe ›Papa, Charly hat gesagt ...‹

Ursula Haucke

Bei Oma ist immer was los

Großmütter heute

Mit Illustrationen von
Christine Brand

Deutscher Taschenbuch Verlag

Originalausgabe
Mai 1999

Umschlagkonzept: Balk & Brumshagen
Umschlagfoto: © COMSTOCK, Berlin
Satz: Fotosatz Reinhard Amann, Aichstetten
Gesetzt aus der Garamond 10/12' (QuarkXPress)
Druck und Bindung: C. H. Beck'sche Buchdruckerei,
Nördlingen
Gedruckt auf säurefreiem, chlorfrei gebleichtem Papier
Printed in Germany · ISBN 3-423-20242-4

Inhalt

Großmütter...

Großmütter waren mal anders.

Mit heutigen Großmüttern sind sie schon deshalb nicht zu vergleichen, weil sie sich untereinander sehr viel mehr ähnelten. Wenn früher von einer Großmutter die Rede war, dann wußte man, wie man sich diese Frau etwa vorzustellen hatte. Und man wußte vor allem, worauf man ganz bestimmt nicht gefaßt sein mußte, darauf nämlich, sie in einem pinkfarbenen Pullover anzutreffen, in Bermudashorts oder in kurzem Tennisröckchen.

Selbst wenn es diese Modeartikel seinerzeit noch gar nicht gab, auch vergleichbare Signale von unvermindertem »Dabeisein« wurden damals nicht ausgesendet. Die Großmütter unserer Großmütter hatten sich vom Jahrmarkt der Eitelkeiten zurückgezogen, und alles an ihnen zeugte von Bescheidenheit und nimmermüder Hilfsbereitschaft – von nimmermüden Händen sowieso. Ohne Strickzeug, Stopfpilz oder Stickrahmen waren Großmütter nicht zu denken, und die häufigsten Nutznießer ihrer unverdrossenen Einsatzfreude waren – na, wer schon? – die Enkel natürlich!

Die Enkel, die ihnen jederzeit, auch in größerer Anzahl, zur Betreuung überlassen wurden. Ohne viel »Federlesens«! Oma war ja froh, wenn sie sich nützlich machen konnte. Da sie selten über eigenes Geld verfügte, stand sie immer unter dem Zwang, sich in irgendeiner Weise »erkenntlich« zeigen zu müssen, und im übrigen brachten die Enkel Zuwendung und Abwechslung in ihr Leben, das sonst kaum noch besonders spannend war.

Nun ja, wie wir alle wissen, hat sich inzwischen ein kleiner Wandel vollzogen! Mütter jüngerer Kinder können ein Lied davon singen, wie mühsam es ist, die Oma mal für ein paar zusammenhängende Tage als Babysitter zu gewinnen. Nicht, daß sie keine Lust hätte – seit sie nicht mehr mit mindestens 8 bis 25 Kindeskindern rechnen darf, liebt sie die wenigen Enkel, wenn nicht gar nur das eine einzige Enkelkind natürlich besonders innig –, aber sie hat einfach Zeitprobleme. Aus unterschiedlichsten Gründen:

Entweder ist sie noch berufstätig und – da womöglich geschieden oder verwitwet – mit einer neuen Liebe restlos beschäftigt, oder sie ist mit Ehrenämtern und entsprechenden Terminen total überhäuft. Vielleicht ist sie auch gerade im Begriff, eine Kreuzfahrt durchs Mittelmeer anzutreten, oder sie besucht dreimal wöchentlich einen Volkshochschulkurs, falls sie nicht selbst einen leitet. Russisch oder Spanisch lernt sie am Ende auch noch und muß daher täglich üben. Kurzum, man wird ihrer nur schwer habhaft!

Möglich wäre aber auch, daß sie schon sehr viel älter ist – als Mutter nämlich eines in zweiter Ehe mit satten fünfzig Jahren noch einmal Vater gewordenen Sohnes –, und dann hat sie vermutlich weder Auto noch Führerschein, kann die Enkel weder vom Kindergarten abholen noch zum Musikunterricht fahren und hat es überhaupt am liebsten, wenn man sie ihr ins Haus liefert. Möglichst einzeln.

Dort und dann allerdings bietet sie einen hundertprozentigen Einsatz. Nichts wird sie ablenken, wenn sie gerade wunschgemäß vorliest, Buntstifte anspitzt, die Herstellung von Papierblumen überwacht oder die Häkelarbeit für die Schule gleichermaßen grunderneuert wie endfertigt! Da mag das Telefon klingeln oder die Nachbarin vor der Tür stehen, die Großmutter wird immer nur sagen: »Tut mir leid, ich hab gerade mein Enkelkind bei mir«, und schon wird sie wieder an dessen Seite sein und strahlen:

»Was werd' ich denn meine Zeit mit anderen Leuten verplempern, wenn du heute da bist, wie?«

Diese Großmutter ist mit der anderen, der Jetsetterin, Filialleiterin oder Frischverliebten, natürlich nicht zu vergleichen, aber wichtig sind sie beide, und wenn unsere heutigen Kinder Glück haben, besitzen sie von jeder Großmutter-Sorte je eine. Oder auch irgendeinen attraktiven Mischtyp dazwischen, wir wollen die Sache ja nicht unziemlich vereinfachen. Auf jeden Fall: Die derzeitige Großmutter ist immer für eine Überraschung gut. Für fast jede Überraschung.

Als ich neulich meinen eigenen Enkel von der Grundschule abholte, wurde ich Zeuge folgenden, die Ferien betreffenden Pausengesprächs:

»Diesmal fahr ich mit meinen Eltern ins Gebirge. Gottseidank bloß ich und meine Eltern! Meine große Schwester macht 'ne Jugendreise. Und was macht ihr?«

»Meine Eltern können nicht weg. Ich fahr mit meiner Oma.«

»Ach, du Ärmster!«

Darauf voller Empörung: »Sag mal, spinnst du? Wir fliegen nach Kreta! Und meine Oma ist die einzige, die mit mir schnorchelt!«

Eine echte Chance

Ungefähr vierzehn Tage nachdem unsere Tochter Eva von zu Hause ausgezogen war, kam ein telefonischer Notruf:

»Kannst du mir mal ganz schnell sagen, Mammi, wie man eine Mehlschwitze macht?«

Ich weiß noch genau, wie entgeistert ich war. Hatte ich es tatsächlich versäumt, der Tochter auch nur die primitivsten Grundlagen des Kochens beizubringen? Ich hatte.

Sosehr wir beide auch unser Gedächtnis bemühten, es fand sich nicht die geringste Erinnerung an eine Aufklärungsstunde in Sachen Essenszubereitung. Im Gegenteil: »Du hast uns doch immer aus der Küche geschickt«, behauptete meine Tochter, »wir sollten lieber rausgehen und spielen!«

»Wie nett von mir«, bemerkte ich, leicht getröstet.

»Oder wir sollten besser Schularbeiten machen«, fuhr sie fort.

»Auch sehr vernünftig«, kommentierte ich, aber da wurde ich unnachsichtig auf die schon erwähnten Folgen so rücksichtsvollen Verhaltens hingewiesen:

»Jedenfalls habe ich keine Ahnung, wie man eine Mehlschwitze macht.«

Ich erklärte es ihr, nicht ohne darauf hinzuweisen, daß Mehlschwitzen inzwischen etwas aus der Mode gekommen sind.

»Gemüse, zum Beispiel«, sagte ich, »brauchst du eigentlich nur in Butter zu dünsten, da kommt gar kein Mehl mehr ran.«

»Und wie dünstet man Gemüse?«
Da legte ich auf.

Inzwischen sind Jahre vergangen. Aber als ich eines Tages auf die damals sechs- und siebenjährigen Söhne unserer Tochter Susanne wartete, fiel mir doch tatsächlich die Sache mit der Mehlschwitze wieder ein.

»Wie wäre es«, fragte ich sie daher gleich nach ihrem Eintreffen und noch bevor sie im Küchenschrank nach Keksen und Lakritze suchen konnten, »wie wäre es, wenn ihr euch jeder einen Eierkuchen backen würdet? Ganz allein?«

»Willst du weggehen?« fragte Julian besorgt, aber sein jüngerer Bruder Nikolai stellte sachlich fest:

»Kann sie doch nicht. Wir wissen doch gar nicht, wie man Eierkuchen macht.«

»Eben«, sagte ich, »aber gleich werdet ihr es wissen. Es ist gar nicht schwer.«

Nachdem Nikolai sich noch hatte zusichern lassen, daß der Eierkuchen mit viel Marmelade gefüllt werden würde, machten wir uns ans Werk.

Jeder bekam seinen eigenen Topf nebst Schneebesen. Jeder durfte das Ei nach eigenem Gutdünken aufschlagen, die Schalen aus dem Topf fischen und das übergeschwappte Eiweiß vom Tisch wieder in den Topf zurückschieben, jeder goß Milch in den Topf und daneben und staubte mit dem Mehl herum, und jeder buk am Ende auf separater Pfanne und drehte seinen Eierkuchen irgendwie und nach mehreren mißglückten Anläufen auf die andere Seite.

Beim anschließenden Essen hatten beide, wenn ich mich nicht getäuscht habe, ein kleines triumphales Glitzern in den Augen, und es gab keinen nennenswerten Protest, als ich später zu gemeinsamem Tisch- und Fußbodenwischen aufrief.

Am Abend rief mich meine Tochter an:

»Ich hab von der Eierkuchen-Aktion gehört«, sagte sie.

»War ein voller Erfolg, das wollte ich dir nur sagen, und mach mal weiter so! Mich macht das nämlich total nervös, wenn sie in der Küche um mich herumspringen!«

»Verstehe ich vollkommen«, sagte ich, »so was ist ja auch eher was für Großmütter.«

»Buletten wären auch nicht schlecht«, bemerkte sie daraufhin, »würde ihnen wahrscheinlich mächtigen Spaß machen.«

»Ich werde es einplanen«, versprach ich. Dann kam ich ins Grübeln ...

In der Bibel wird uns düster prophezeit, daß die Sünden der Väter an den Kindern heimgesucht werden bis ins dritte und vierte Glied. Das fand ich schon als Kind empörend und im höchsten Grade ungerecht, und zum Trost stellte ich mir vor, daß die Mütter, die ja offenbar mit solch folgenschweren Sünden nichts zu tun hatten, den Fluch auf irgendeine Weise würden ausgleichen können. Wie, das wußte ich allerdings nicht. Ich weiß es bis heute nicht, auch wenn man diesen Fluch – jenseits aller Bibelforschung – mittlerweile ganz simpel ökologisch definieren könnte.

Immerhin beginne ich in diesem Zusammenhang zu ahnen, daß Mütter – sofern sie Großmütter werden – eine ganz persönliche Chance haben: Sie können die an den eigenen Kindern begangenen Erziehungssünden an den Enkelkindern wiedergutmachen. Und davon haben ihre Kinder dann wenigstens auch noch was.

Wobei ich nachtragen muß, daß es mit den Buletten zunächst nichts wurde. Nikolai befand, daß die in der Pfanne immer so spritzen, und da sollte ich sie lieber schon braten, bevor sie kämen.

»Wir können ja zusammen eine Gans in deinen Herd tun und warten, bis sie fertig ist!«

Ohne mich länger auf eine Beschreibung der Umstände mit einer Gans einzulassen, hab ich da nur kurz und abschließend erklärt:

»Gans kommt überhaupt noch nicht in Frage. Erst mal sind Buletten dran.«

Aber bisher haben sie mich darauf noch nicht wieder angesprochen.

Bloß nicht verwöhnen!

Großmütter stehen grundsätzlich im Verdacht, ihre Enkel zu verwöhnen; uferlos und sozusagen ohne Sinn und Verstand. Weil die Folgeschäden des Verwöhnens aber allgemein als ebenso schwerwiegend wie irreparabel angesehen werden – verwöhnte Kinder gelten als sozial unverträglich, arrogant und womöglich auch noch arbeitsscheu –, pflegen die Verdächtigten grundsätzlich und vorsorglich in Abwehrstellung zu gehen:

»Ich denke gar nicht daran, euer Kind zu verwöhnen, wie kommt ihr darauf?«

Nur einmal hörte ich es anders:

»Natürlich verwöhne ich meine Enkelkinder«, gab eine gerade peinlich befragte Großmutter leichthin zu, »was habt ihr denn erwartet? Daß ich sie mißhandle?!«

Aber die dazugehörige Schwiegertochter gab so schnell nicht auf:

»Nun sei mal ernst, ja? Die Kinder erzählen mir jedesmal, daß sie bei dir machen dürfen, was sie wollen«, sagte sie mit nur mühsam unterdrückter Empörung.

»Das ist nicht die ganze Wahrheit, wie du dir selbst denken könntest«, sagte die Großmutter gelassen, »aber eins ist richtig: Sie dürfen so lange machen, was sie wollen, wie sie nichts wollen, was man ihnen verbieten müßte. Oder ausreden.«

»Aber du redest ihnen doch nie etwas aus! Wenn Ilona mitten am Tag auf die Idee kommt, baden zu wollen, dann läßt du ihr sofort Wasser ein! Und während sie dann eine Viertelstunde im Schaumbad liegt, liest du ihr Märchen vor!«

»Was hast du denn gegen Vorlesen und was hast du gegen Baden?« fragte die Großmutter nunmehr leicht ungeduldig. »Das Schaumbad ist übrigens völlig frei von chemischen Zusatzstoffen, falls dich das beunruhigt haben sollte.«

»Ach, vergiß dein Schaumbad, du weißt genau, was ich meine! Mit Alexander hast du neulich im dicksten Regen drei Stunden lang auf dieser Baustelle ausgehalten, weil er da nicht weg wollte!«

»Es hat nur noch ein bißchen genieselt«, stellte die Großmutter richtig, »hat er sich etwa erkältet?«

»Nein.«

»Ich auch nicht; und die Arbeiter haben ja auch alle weitergemacht. Und ich sage dir, diese Baustelle war unglaublich spannend! Was da so alles abläuft! Man nimmt sich als Erwachsener viel zuwenig Zeit für solche Beobachtungen, da müssen einen erst die Kinder drauf bringen!«

»Sicher auch wahnsinnig spannend, was im Affengehege des Zoos abläuft! Hoffentlich bringt er dich nicht drauf, über die Absperrung zu klettern«, sagte die Schwiegertochter und tat einen abschließenden Seufzer.

Dem Seufzer können wir uns anschließen, denn Diskussionen darüber, ob und wie man Kinder verwöhnen sollte und dürfte, flammen in allen Familien immer wieder auf. Was eigentlich verwundern müßte, denn fest steht: Das gegenseitige Verwöhnen unter Erwachsenen besitzt als Zeichen unverminderter herzlicher Zuneigung einen hohen Stellenwert. Wer etwa einem gerade besonders strapazierten Familienmitglied ungebeten Tee und Kekse ans Sofa bringt und ihm gleichzeitig eine Nackenmassage sowie Hilfe bei der anstehenden Steuererklärung anbietet, der wird ein dankbares Lächeln ernten, und die Gefahr, daß der so verwöhnte Angehörige umgehend in eine arrogante Anspruchshaltung verfällt, scheint nicht im Raum zu stehen.

Warum also diese flächendeckende Sorge, Kinder könnten von ihren Großmüttern zu sehr verwöhnt werden? Weil Großmütter alles übertreiben? Aber Übertreibungen aller Art pflegt das Alltagsleben schnell und sachlich zu korrigieren.

»Das ist doch alles nur eine Definitionsfrage«, erklärte meine Freundin Karla, mit der ich das Thema mal eben anschnitt, »und merkwürdigerweise können viele Menschen ›Verwöhnen‹ und ›Verderben‹ nicht auseinanderhalten. Sie werfen ein Badewannenvergnügen glatt mit einem Tausendmarkeinkauf von Schickimicki-Klamotten in einen Topf.«

»Ein schönes Bild«, sagte ich anerkennend, »aber vielleicht könnte man das Ganze etwas allgemeingültiger formulieren.«

»Dann mach das mal«, sagte Karla und verabschiedete sich.

Aber ich selbst hatte auch nicht die geringste Lust, mir über Allgemeingültiges den Kopf zu zerbrechen. Zumal man ein Kind genaugenommen ja nur zu fragen braucht: »Wie war's denn bei der Oma?«

Sagt es dann gutgelaunt: »Schön!« oder »Ganz gemütlich« und ist es nach dem Besuch überhaupt von freundlicher Ausgeglichenheit – na wunderbar, was will man mehr?

Sagt es indessen mit angestrengtem Gleichmut so etwas wie: »Ganz o. k., hab wieder 'n Hunderter gekriegt« – dann ... ja, dann hätten wir wohl ein kleines Problem!

Durchs Leben zappen ...

»Ein Jammer, daß ich so weit weg gewohnt habe, als Melinda noch klein war«, sagte meine Freundin Anita neulich ganz unvermittelt, »dann würde sie heute vielleicht mal fünf Minuten bei einer Sache bleiben und nicht dauernd durch die Gegend springen!«

Ich fand, daß das eine ziemlich kühne Annahme war. Schließlich weiß man, daß die heutigen Kinder überhaupt und grundsätzlich Schwierigkeiten haben, sich zu konzentrieren. Zuviel Fernsehen, zuviel Informationsflut, zuviel Spannung in der Schule und Unruhe in der Familie. Das alles bestritt Anita auch gar nicht. Dennoch:

»Von Natur aus ist der Mensch ein zielstrebiges und daher auch hochkonzentriertes Wesen!« sagte sie mit Nachdruck. »Hast du zum Beispiel mal beobachtet, wie zäh und ausdauernd ein Säugling daran arbeiten kann, sich seine Strumpfchen auszuziehen?«

Ich mußte verneinen, hatte aber meinerseits das Beispiel einer einjährigen Tochter anzubieten, die sich während einer längeren Spazierfahrt im Kindersportwagen ausschließlich und erfolgreich mit dem Öffnungssystem des Sicherheitsgurtes beschäftigt hatte.

»Sag ich doch!« nickte meine Freundin. »Ein Kind ist vom Wesen her hartnäckig und unbeirrbar geduldig. Stelle ein Zweijähriges vor einen Ameisenhaufen und es wird eine Stunde lang davor stehenbleiben, wenn niemand es wegzerrt!«

Ich äußerte in aller Bescheidenheit die Vermutung, daß ein Kleinkind vor dem Ameisenhaufen nicht reglos stehenbleiben, sondern in ihn reinfassen oder auf ihn rauffallen wird, so daß der Gedanke, es von dort möglichst schnell zu entfernen, nicht abwegig erscheint.

Anita sah mich vorwurfsvoll an: »Du weißt, was ich meine: Kindern wird die Konzentrationsfähigkeit systematisch von ihren Eltern abtrainiert, weil ...«

»... weil Eltern«, ergänzte ich, »nicht vor jeder Pfütze stehenbleiben können, wenn sie vor Ladenschluß noch ein paar Mohrrüben einkaufen wollen.«

»Weiß ich doch«, sagte Anita wieder ganz friedlich, »ist mir doch klar, daß Eltern sich nicht ständig dem Rhythmus ihres Kindes anpassen können. Deshalb tut es mir ja so leid, daß ich nicht da war, als Melinda klein war. Ich hätte sie natürlich von keiner Pfütze weggezogen und ich hätte sie auch nicht daran gehindert, eine halbe Stunde lang Zuckerstückchen von einer Dose in die andere zu füllen, zum Beispiel. – Wieso machst du jetzt so ein abwesendes Gesicht?«

»Ich überlege nur«, sagte ich kurz. »Ich überlege, ob Melinda in diesem Fall heute dreimal so lange für eine Rechenaufgabe brauchen würde wie andere Kinder und auch einen Schulaufsatz immer nur halbfertig abliefern würde.«

»Unsinn! Konzentration führt zu Gründlichkeit und nicht zu Langsamkeit«, befand Anita, »und ich werde sehen, was ich jetzt noch ausbügeln kann!«

Wenige Tage später klingelte ich bei einer Nachbarin, um ein für sie hinterlegtes Päckchen abzugeben.

»Danke«, sagte sie und schrie im gleichen Moment einen an uns vorbeisausenden Knaben an: »Jetzt mach erst deine Schularbeiten fertig, zum Donnerwetter!«

Wieder zu mir gewandt, sagte sie verzweifelt: »Können Sie sich vorstellen, daß dieses Kind keine zwei Minuten bei derselben Beschäftigung bleiben kann? Mein Mann sagt immer, der zappt sich durchs Leben, als würde er von einer Fernbedienung gesteuert!«

»Ein schöner Vergleich«, sagte ich amüsiert und fügte tröstend hinzu: »Aber die meisten Kinder sind ja heute nicht anders.«

»Man hat ja auch nie die nötige Ruhe für sie«, sagte die Mutter seufzend, »und wann steht man schon mal so lange mit ihnen vor einem Schaufenster, wie sie wollen? Oder spielt mit ihnen ›Memory‹, bis sie genug davon haben? Immer geht man gleich wieder ›zur Tagesordnung‹ über. Geht ja auch nicht anders. Na ja ...«

Das kam mir nun alles sehr bekannt vor.

»Irgendwann, wenn die Kinder verständiger werden, werden sie auch wieder konzentrierter«, sagte ich beim Verabschieden.

Die Nachbarin lachte: »Darauf werde ich wohl besser nicht warten! Ich schicke den Jungen bei wichtigen Schularbeiten lieber zu meiner Mutter, da ist er die Ruhe selbst.«

»Ach«, sagte ich und blieb noch mal stehen, »da hat sich Ihre Mutter wohl schon immer um Ihren Sohn gekümmert?«

»Eben nicht«, sagte die Nachbarin, »leider! Sie wohnt erst seit kurzem in unserer Nähe.«

Ich rief umgehend Anita an:

»Hör zu«, sagte ich »wenn du bei Melinda noch was ausbügeln willst, laß sie öfter mal bei dir Schularbeiten machen!«

Aufpassen bitte!

Julian klettert. Schon als Zweijähriger erklomm er bei Waldspaziergängen jeden verlassenen Hochsitz und zwang seine Eltern zu waghalsigen Rückholmanövern über bereits morsche und lückenhafte Leitersprossen. Inzwischen findet man ihn vorzugsweise in Baumwipfeln oder auf der obersten Querstange eines jener einfallsreichen Klettergerüste moderner Spielplätze. Meistens hält er dann ganz lässig die Balance, ohne sich mit den Händen abzusichern, und ruft auch noch zu mir herunter: »Huhu! Guck mal, wo ich bin!«

Aber »Gucken« ist wirklich das letzte, was ich will. Was ich will, ist, daß er wieder absteigt, und zwar so schnell wie möglich! Ich deute das durch auffordernde Gesten an, aber natürlich bemerkt er das nicht.

»Was glauben Sie – wie hoch ist das hier?« fragte ich neulich eine junge Frau, deren Kleinkind sich noch in den unteren Gerüstangeboten abmühte. »Elf Meter vielleicht?«

Die junge Frau sah mich an und lachte: »Die Angst der Oma vor elf Metern?« Und dann schätzte sie die Höhe auf höchstens die Hälfte.

»Ich hätte ihn trotzdem gerne unten«, sagte ich kleinlaut, »aber wenn ich ihn rufe, wird er da oben noch eine Extra-Vorstellung geben!«

»Verstehe«, sagte die junge Frau, »und wie heißt der Knabe?«

Sie ließ sich Julians Vor- und Nachnamen sagen.

»Klingt offizieller«, erklärte sie mir, und dann schrie sie aus voller Kehle zur Spitze des Klettergerüstes hoch! Als Julian aufhorchte und mit geneigtem Kopf Zuhörbereitschaft signalisierte, folgte ein sachliches: »Komm mal runter!«

Und tatsächlich, er nickte und machte sich augenblicklich an den Abstieg.

»Na, so was«, sagte ich nur.

»Auf Fremde reagieren Kinder immer besser, das ist das ganze Geheimnis«, sagte die freundliche Helferin abschließend, pflückte ihr Kleinkind vom Gerüst ab, setzte es mit Schwung in den Sportwagen und trat den Heimweg an.

Julian stand inzwischen vor mir: »Was ist los?«

Ich hatte nicht viel Zeit, mir einen Grund auszudenken, warum ich ihm das Klettervergnügen verdorben hatte, und darum blieb ich nahe bei der Wahrheit: »Tut mir leid, aber wenn ich dich da oben sehe, wird mir ganz übel!«

»O.K.«, nickte Julian, »dann ruf ich dich nicht mehr, und du guckst einfach nicht hin.«

»Damit ist mein Problem leider nicht gelöst«, erklärte ich und wollte gerade zu weitergehenden Verhandlungen übergehen, als neben uns der begehrte Pingpong-Tisch frei wurde. Ich griff geistesgegenwärtig nach den Schlägern, und dann lieferten wir uns ein nahezu ausgeglichenes Match ...

Es ist wirklich schwierig, Enkelkindern klarzumachen, daß Großmütter besorgter sind und sein müssen als Eltern und daß Hinweise wie: »Bei Mama darf ich immer das große Messer nehmen!« oder »Papa hat mir das doch schon erklärt mit der Brotmaschine!« völlig uninteressant sind.

»Sieh mal ...«, habe ich gerade vor kurzem Nikolai erklärt, nachdem ich ihm verboten hatte, sein neues Skateboard auf dem Fahrdamm auszuprobieren, »... Mama und Papa verlassen sich ganz fest darauf, daß dir bei mir nichts passiert; das verstehst du doch, oder?«

Nikolai nickte einsichtig.

»Klar«, sagte er, »aber mir passiert ja auch nichts!«

Und schon war er wieder auf dem Damm. Anschließend hatten wir ein etwas unharmonisches halbes Stündchen, weil ich das Skateboard in meinen Kleiderschrank einschloß.

»Du bist richtig gemein«, konstatierte das liebe Kind, aber das überhörte ich einfach und sagte bloß:

»Ich glaube, jetzt kann man den Streuselkuchen schon essen, er wird abgekühlt sein.« – Ende der Skateboard-Debatte.

Gut, Großmütter mögen überängstlich sein, aber ich bin ganz sicher, daß man von ihnen zu allen Zeiten genau das erwartet hat: Daß sie »AUFPASSEN«! Wie, das ist natürlich ihre Sache:

»Wundere dich bitte nicht, wenn Verena auf ihrem Fahrrad die wildesten Schlenker macht, sie ist noch total ungeschickt und kann jeden Augenblick umfallen. Aber du wirst schon aufpassen!« – Aber sicher doch ...

»Kannst du bitte darauf achten, daß Heiko sein Essen ordentlich kaut? Sonst kriegt er sofort Bauchschmerzen!« – Da werde ich doch einfach auf Kartoffelbrei, Spinat und Rührei ausweichen ...

»Würdest du bitte aufpassen, daß Alina sich nachts nicht abdeckt? Dabei erkältet sie sich nämlich immer.« – Alles klar, ich halte Nachtwache, ich hab ja in meinem Leben schon genug geschlafen ...

Man kann natürlich hoffen, daß Fürsorgepflicht und Sicherheitsbedürfnis der Großmütter mit den Jahren kontinuierlich abnehmen; aber mit Rückfällen muß man schon rechnen.

Eine meiner Bekannten zum Beispiel wurde im letzten Sommer von ihrer Tochter händeringend gebeten, den achtzehnjährigen Enkel zu begleiten, der sich mit druckfrischem Führerschein und geborgtem Auto gleich und sofort nach Italien auf den Weg machen wollte:

»Du hast da doch eine Freundin, das wäre eine gute Gelegenheit! Und wenn du neben ihm sitzt, wird er bestimmt nicht rasen! Darauf wirst du schon aufpassen, nicht?«

Dem Vernehmen nach soll die Jungfernfahrt des Teenagers tatsächlich unter Mitnahme der Großmutter stattgefunden haben.

Ob ich es mal soweit kommen lasse, muß ich mir noch sehr überlegen …

Einmischen verboten?

Ich habe schon Großmütter getroffen, die allen Ernstes von sich behaupteten, daß sie sich niemals in die Erziehung ihrer Enkelkinder einmischen würden – um des lieben Friedens willen und überhaupt: Ihre Verantwortung sei das ja nun gottlob nicht mehr!

Was soll man dazu sagen?

Natürlich wird jede Oma dem kranken Kind auftragsgemäß die Antibiotika verabreichen, auch wenn sie selbst Harmloseres vorgezogen hätte; und sie wird auch die Bonbondose vor den Kindern verstecken, wenn die Eltern handfeste Gründe fürs Naschverbot angeben sollten. Aber sonst? Sie kann doch nicht vor jeder Antwort und jeder spontanen Entscheidung erst überlegen, was wohl die Eltern in diesem Fall getan hätten? Und selbst wenn sie die Meinung der Eltern in dem einen oder anderen Fall durchaus richtig einschätzen könnte – wer zwingt sie, diese Meinung zu übernehmen?

Fest steht schon mal, daß Eltern und Großeltern sich nur selten darüber einig sind, was jeweils unter »schlechtem« Benehmen oder »unpassenden« Wörtern zu verstehen ist. Eltern regen sich kaum noch darüber auf, wenn ihre Kinder die neue Musikkassette »voll geil«, »ätzend« oder »echt cool« finden und sich davon auf der Stelle »antörnen« lassen. Da haben sie ganz andere Probleme mit dem Nachwuchs.

Großmütter hingegen nehmen kindliche Attacken auf ihre eigenen Maßstäbe von anständiger Ausdrucksweise leicht persönlich.

»Wenn du dauernd mit so scheußlichen Ausdrücken um dich schmeißt«, hatte Freundin Anita neulich ihrer Enkeltochter Melinda erklärt, »kannst du unseren Wochenendausflug vergessen!«

»Na und?« hatte das liebe Kind erwidert, »fand ich sowieso ziemlich Scheiße.«

Das gab Komplikationen, denn Melindas Abwesenheit am Wochenende war von den Eltern fest eingeplant.

»Hör doch einfach weg, wenn sie dummes Zeug redet«, hatte der enttäuschte Vater noch vorgeschlagen, aber Anita hatte mit Festigkeit erklärt, daß sie nicht vorhabe, sich taub zu stellen, solange sie es gottlob noch nicht sei. Den Vorwurf, sich in die Erziehung einzumischen, wies sie weit von sich:

»Es geht doch gar nicht um euer Kind, es geht um *mich*! Ich habe einfach keine Lust, mir das anzuhören.«

Das muß man ihr zugestehen. Allerdings – wenn es um zweifelsfrei echte Einmischung geht, ist Anita ebenfalls recht unerschrocken: Sie kann bestimmte Absätze in Schullesebüchern für töricht erklären (»nicht wert, daß man sie auswendig lernt!«), kann Hausaufgaben für zu schwer befinden und sie daher einfach diktieren, – und wenn einem Enkelkind die Haare über die Augen fallen, greift sie eben mal zur Schere und nimmt an dem teuren Friseurschnitt kleine Korrekturen vor. Und sollte sie der Ansicht sein, daß die Enkel bei den chaotischen neuen Freunden der Eltern durchaus nicht gut aufgehoben sind, dann wird sie das auch deutlich zum Ausdruck bringen:

»Ich kann mir doch nicht die eigene Meinung abgewöhnen, bloß weil ich meine Enkelkinder betreue!«

Nein, kann sie nicht, selbst wenn sie sich Mühe geben sollte. Und das geht nicht nur ihr so; Großmütter bringen unvermeidbar immer auch ihre eigene Person mit ins Familienspiel.

Manche Probleme allerdings schiebt auch Anita ganz klar in den elterlichen Kompetenzbereich zurück. Wo die kleinen Kinder herkommen, das sollen die Eltern mal schön selbst erklären, da werden sie schon ihre eigene Methode haben!

Und ob und bis zu welchem Alter die Kinder noch alle Fremden mit du anreden dürfen, das sollen auch die Eltern regeln – zumal sich diese Frage irgendwann sowieso von selbst erledigt.

Aber dann gibt es auch immer wieder höchst zweifelhafte Situationen!

Im vorigen Dezember zum Beispiel hatte Anitas Enkel gerade eine schwere Auseinandersetzung mit seinem besten Freund hinter sich und kam mit Tränen der Empörung in den Augen zur gerade anwesenden Großmutter gestürzt:

»Der blöde Christoph sagt, es gibt gar keinen Weihnachtsmann«, hatte er mitgeteilt und die Großmutter voll banger Hoffnung angesehen, »aber der spinnt doch, nich??«

Anita war blitzartig zu dem Schluß gekommen, daß sie auch in diesem Fall den Eltern nicht ins Erziehungshandwerk pfuschen dürfe, und hatte dann, wie sie mir gleich am Telefon erzählte, folgendermaßen orakelt:

»Weißt du, mein Schatz«, hatte sie gesagt, »die Sache mit dem Weihnachtsmann ist einfach ein großes Geheimnis. Und was hinter Geheimnissen steckt, das muß jeder Mensch ganz allein rausfinden ...«

»Kompliment!« sagte ich anerkennend.

»Dann frag mich mal, wie der Junge reagiert hat!«

»Ich frage dich!«

»*Gibt* es nun einen Weihnachtsmann oder nicht??« hat er mich angeschrien. »Weiter will ich doch gar nichts wissen!«

»Und?«

»Was sollte ich machen? ›Irgendwie‹«, hab ich gesagt, »›irgendwie gibt es immer einen Weihnachtsmann im Leben – das kannst du glauben!‹ Und das hat er dann auch geglaubt, irgendwie ...«

Für den eindeutigen Entschluß der »Nichteinmischung« fand ich das Ergebnis doch sehr beeindruckend.

Ach, die Manieren ...

»Eigentlich«, sinnierte Freundin Karla unlängst vor sich hin, »eigentlich können wir es uns langsam leisten, altmodisch zu sein, wie?«

»Wozu?« erkundigte ich mich. »Hast du das Bedürfnis, Schondeckchen auf deine Sessel zu legen und bei Regenwetter Überschuhe zu tragen? Oder möchtest du von deiner Haushilfe wieder mit ›Gnädigste‹ angeredet werden?«

»Nun werde mal nicht albern«, wies mich Karla zurecht. »Allerdings – was die Überschuhe angeht, die waren gar nicht so schlecht. Ich hätte sogar sehr gern wieder welche, weil ich es nämlich satt habe, nach Betreten einer fremden Wohnung immer gleich auf Strümpfen dazustehen – wegen der empfindlichen Auslegeware!«

»Gib doch der Schuhindustrie einen Tip, denn inzwischen gibt es sicher eine Menge Leute, die nicht scharf drauf sind, einen geselligen Abend in Gästehausschuhen zu verbringen! – Und warum bitte willst du nun altmodisch sein?«

»Ich wage es ja kaum zu sagen, aber langsam wird das eine fixe Idee von mir...« Karla machte eine kleine Pause, und dann bekannte sie entschlossen: »*Einmal* möchte ich mit meinen Enkelkindern zusammen bei Tisch sitzen und erleben, daß wir alle gleichzeitig mit dem Essen anfangen, gleichzeitig wieder aufhören und *dann* erst aufstehen! So, wie das früher üblich war.«

»Vielleicht mußt du einfach nur ein bißchen schneller

kauen«, schlug ich vor, aber das fand Karla überhaupt nicht komisch.

»Ich hab da wirklich ein Problem«, sagte sie mit Nachdruck, »hör wenigstens zu. Also: Die Kinder sind bei mir, ich hab pflichtgemäß gekocht, bringe alles auf den Tisch und rufe zum Essen. Dann kommen sie schon mal nicht gleichzeitig, weil einer garantiert noch rumtrödelt.«

»Der ist dann eben weniger hungrig«, vermute ich.

»Aber der andere wartet dafür nicht eine Minute, sondern fängt auf der Stelle an, loszuessen!«

»Der war ja auch pünktlich.«

»Deswegen kann er doch warten, bis alle am Tisch sind! – Also schön, schließlich kommt der Trödler auch und wir essen also ...«

»Schmeckt's denn?« werfe ich ein.

»Allerdings schmeckt es«, sagt Karla nachdrücklich, »deswegen wird auch mehr geschlungen als gekaut! Was die Kinder aber nicht daran hindert, zwischen zwei Happen aufzuspringen, um mir – wasweißich – ein neues Spielzeug zu zeigen oder das Gedicht vorzulesen, das sie auswendig lernen sollen.«

Mir ging durch den Kopf, daß es eigentlich ein gutes Zeichen ist, wenn Kindern andere Dinge im Leben wichtiger sind und sein können als das Essen; aber ich wollte meiner Freundin nicht schon wieder dazwischenreden.

»Und irgendwann«, fuhr Karla fort, »sind beide längere Zeit weg vom Tisch, und wenn ich sie rufe, schreit es aus irgendeiner Ecke der Wohnung zurück: ›Ich bin satt!‹ Wie findest du das?«

»Nervig«, gab ich zu und regte an, künftig nur noch geschlossene Schüsseln oder Töpfe auf den Tisch zu stellen und die Deckel erst zu lüpfen, wenn alle am Tisch sitzen. Das erschwert den vorzeitigen Zugriff und duftet auch weniger verführerisch. »Und wenn du das formlose Verschwinden nach dem Essen abschaffen willst«, fuhr ich fort, »führst du einfach die wohlbekannte Frage wieder ein, die da lautet: ›Kann ich schon aufstehen?‹«

»So altmodisch wollte ich auch wieder nicht sein«, lehnte Karla ab. »Und im übrigen klingt das alles, als hättest du einschlägige Erfahrungen.«

Natürlich hab ich die; und jeden meiner Vorschläge längst ausprobiert. Mit unterschiedlichem Erfolg, aber doch einer leichten Tendenz zur Besserung. Sagen wir mal so: Manchmal bleiben die Kinder beim Essen sitzen und manchmal auch nicht. Ich hab mir angewöhnt, das nicht mehr wichtig zu nehmen. Schließlich gibt es noch ein paar nicht minder altmodische Erwartungen, die die Enkel wunderbarerweise ohne jede Schwierigkeit erfüllen: Sie sind freundlich und hilfsbereit, denken sich keine gezielten Gemeinheiten aus und lügen nicht.

»Meine lügen auch nicht«, bemerkte Karla, »aber warum sollten sie auch? Sie wissen schließlich, daß sie selbst bei dem größten Unfug ganz gut wegkommen, wenn sie die Wahrheit sagen.«

»Sie haben ja auch vernünftig erziehende Eltern, deren einen Teil *wir* schon vernünftig erzogen haben, oder?«

Aber in Karla sitzt immer noch ein kleiner Stachel unerfüllter Hoffnung...

»Nun schön, sie lügen nicht und sie stehlen nicht, aber könnten sie nicht trotzdem etwas bessere Tischmanieren haben? Und wenn sie irgendeinen Bekannten begrüßen sollen, dann fällt das auch mehr als jämmerlich aus.«

Was sollen sie auch machen? Mit »Knicks« und »Diener« hatten es die Kinder früher leichter – das war eine klare Sache für sie. Aber wollen wir diese Übung vielleicht wieder einführen? Wollen wir nicht. Und so bleibt uns in dieser und anderer Hinsicht nur übrig, abzuwarten, bis sich die »guten Manieren« bei wachsender Einsicht, an einem Tage X, zu allgemeiner Überraschung von allein einstellen werden. Bis dahin freuen wir uns einfach über all die liebenswerten Wesenszüge. Man kann nicht alles haben!

»Nicht alles, aber vielleicht doch ein bißchen mehr«, sagte Karla hartnäckig. »Ich meine, wir könnten diese ›wachsende Einsicht‹ etwas beschleunigen – so als Großmutter...«

Vielleicht könnten wir – aber sollten wir uns damit unbeliebt machen, lassen wir es doch lieber!

Zeitzeugen

»Genaugenommen sind wir doch alle ›Zeitzeugen‹«, bemerkte Anita, nachdem wir im Fernsehen gerade die einschlägige Sendung verfolgt hatten, »aber was machen wir eigentlich daraus?«

Ja, was machen wir daraus?

Was und wieviel zum Beispiel erzählen wir unseren Enkelkindern von dem, was wir erlebt haben? Und davon, wie wir gelebt haben? Bei welcher Gelegenheit und zu welchem Zweck?

Meine eigene Großmutter erzählte je nach Laune. Mal von den schmucken, herrlichen Kaiserzeiten, dann wieder von den absolut schmucklosen Zeiten des Krieges, der Inflation und der Armut. Bei allem Auf und Ab ihres Lebens hatte sie indes eine immer gleichbleibende Erfahrung gemacht: Die Kinder wurden »damals« viel strenger erzogen! Und natürlich gehorchten sie besser und es gab keine frechen Widerworte. An dieser Stelle pflegte meine Großmutter aufzuseufzen: »Wie du mit deiner Mutter redest – das hätte ich mir mal erlauben sollen!«

»Ach du Schreck!« bemerkte Anita und grinste. »Genau das hab ich neulich zu Melinda gesagt; sollte man das für möglich halten?«

»Na und? Auch Melinda braucht später ihre Erinnerungen! Wo du ihr schon so wenig Schmuckes aus deiner Biographie zu bieten hast, nicht Kaiser, nicht König, keine Hofbälle, gar nichts! – Und von Krieg, Not und Elend wirst du ja nicht ständig reden.«

»Nur bei sehr passender Gelegenheit«, sagte Anita und schilderte dann, wie die Enkeltochter im Sommerurlaub herumgemault hatte, weil ihr das Bett im Ferienhaus nicht breit genug war. Da hatte sie dem Kind dann eine höchst alternative Gutenachtgeschichte geboten: Von der alten Matratze im Luftschutzkeller, vom Strohlager auf der Flucht und von dem einzigen Bett im Notquartier, in dem sie zusammen mit Mutter und Bruder schlafen mußte.

»Und?« erkundigte ich mich. »Fand Melinda ihr Bett anschließend breit genug?«

»Jedenfalls hat sie sich nicht mehr beschwert.«

Dann fiel Anita ein, daß Melinda ihrem jüngeren Bruder umgehend von der dreifachen Bettbelegung in Omas Kindheit berichtet hatte.

»Alle in einem Bett?? Is ja voll cool!« hatte der Bruder darauf mit leuchtenden Augen gesagt; aber das interessiert in diesem Zusammenhang ja weniger...

Vielleicht wird Vergangenheit immer dann am lebendigsten, wenn es um Fertigkeiten und Kenntnisse geht, die heute nicht mehr gefragt sind.

Wenn ich zum Beispiel in der Vorweihnachtszeit überall ganz offen die Zettel mit meinen Geschenkideen herumliegen lasse – weil ich sie nämlich zu stenographieren pflege –, dann kann ich vor den vergeblich herumrätselnden Enkelkindern ganz leicht meine eigene Jugendzeit auferstehen lassen, in der es weder Diktiergeräte noch Schreibcomputer gab. Anschließend kann ich mich noch dafür bewundern lassen, daß ich einen von den Kindern diktierten Text schnellstens notieren und tatsächlich auch wieder ablesen kann. Dergleichen baut mächtig auf.

Aber es geht auch einfacher:

»Fabians Oma kann überhaupt nicht Auto fahren«, berichtete Nikolai neulich in einem Ton, der offenes Mitleid mit dem so benachteiligten Fabian erkennen ließ, »und schwimmen kann sie auch nicht!«

»Dafür wird sie viele andere Dinge können«, sagte ich, und Nikolai nickte sofort ganz heftig:

»Fabian sagt, sie kann stopfen!« Und dann sah das Kind mich an und fragte interessiert: »Was *ist* Stopfen?«

Seitdem sorge ich dafür, daß ich immer einen Vorrat von zerrissenen Socken im Haus habe; und wenn die Kinder mal ihre Schulaufgaben bei mir machen, setze ich mich zu ihnen, stopfe so perfekt wie möglich »Eins-drunter-eins-drüber« und passe gleichzeitig auf, daß sie nicht vor Staunen lauter Rechenfehler machen.

Am Ende habe ich dann ein knappes Stündchen für ein Sockenpaar investiert, das vielleicht nur 99 Pfennige gekostet hat, jetzt nur noch in geschlossenen Schuhen getragen werden kann und womöglich die nächste Wäsche nicht übersteht.

Egal.

Sobald sich eine Gelegenheit dazu bietet, werde ich den Enkeln auch noch zeigen, wie man einen Ofen anheizt. Einen Ofen, oder auch einen Herd – keinen Gartengrill! Und am allerliebsten würde ich ihnen vorführen, wie man aus sandigen, frisch aus dem Boden gezerrten Zuckerrüben im mühseligen Mehrweg-Verfahren jenen herrlichen Sirup herstellt, den man heute in gelben Pappdosen so überaus billig einkaufen kann! Aber dazu wird es wohl nicht kommen …

Ganz sicher aber – wenn sie erst etwas älter geworden sind – wird es zu der Jahrhundert-Diskussion über Schuld und Sühne kommen.

Schließlich bin ich Zeitzeuge.

Neinsagen will gelernt sein

»Sag mal«, begann Karla nachdenklich und mit nach innen gerichtetem Blick, »wie war das mit den sogenannten ›Trotzphasen‹? Ich meine, in welchem Alter treten sie normalerweise auf?«

Nun bin ich schon lange der Meinung, daß der Trotz grundsätzlich in jedem Menschen schlummert und nur auf den passenden Anlaß wartet, virulent zu werden – sei der Mensch nun gerade fünf oder fünfzig Jahre alt. Schließlich gibt es immer wieder neue Zumutungen im Leben, auf die man nur mit »Trotz« reagieren kann. Bei Erwachsenen heißt das dann allerdings eher »Widerstand«, »Konsequenz« oder, besonders anerkennend vermerkt: »ziviler Ungehorsam«. (Bei über Siebzigjährigen allerdings erdreistet man sich nicht selten, wieder von »Trotz« zu reden, sofern sie sich etwa einer über sie verhängten Maßnahme widersetzen, aber das gehört nicht hierher…)

Da mir also so viel durch den Kopf schoß, stellte ich zunächst die um Zeitgewinn bemühte Gegenfrage:

»Wieso fragst du?«

»Ja, wieso frage ich?« wiederholte Karla. »Ist ja im Grunde völlig egal, ob ›Trotzphase‹ oder nicht. Jedenfalls hatte ich es bisher noch nicht erlebt, daß Simon einfach ›nein‹ sagt, wenn ich ihn zu etwas auffordere! Einfach ›nein‹!«

»Und wozu forderst du ihn auf, zum Beispiel?«

»Ich sag zum Beispiel ganz beiläufig, ganz freundlich, er

möge sich vor dem Essen die Hände waschen, und er sagt ›nein‹; ich bitte ihn, seine Siebensachen zusammenzuräumen, er sagt ›nein‹; er soll den Fernseher ausstellen, die Antwort ist ›nein‹! Was mach ich denn da? Ich kann doch nicht ständig die Empörte spielen oder rumschimpfen!«

»Frag ihn mal, warum er ›nein‹ sagt. Vielleicht findet er ja, daß seine Hände sauber genug sind, daß er die Sachen später wegräumen kann und daß er nur noch sehen will, wie der Kinderfilm ausgeht. So was ergibt Verhandlungsspielraum.«

»Ach was«, Karla schüttelte den Kopf, »wenn er Gründe hätte, könnte er sie ja gleich nennen. Neinnein, ich sage dir, er probt einfach den Aufstand!«

»Du meinst, er übt.«

»Was soll er üben?«

»Neinsagen. Und wie gut, daß er das übt! Wo kommt man denn hin, wenn man nur immer ›ja‹ sagt, irgendeinem Stärkeren hinterherdackelt und sich zu allem überreden läßt?«

»Ich weiß, wo man da hinkommt, danke!« sagte Karla abweisend. »Mir ist auch klar, daß ein Kind trainieren muß, seinen festen Willen zu artikulieren. Seinen festen Willen! Doch nicht so ein albernes vorgefaßtes ›Nein‹, ob es nun paßt oder nicht!«

»Man fängt eben klein an, und Simon ist ja noch klein.«

»Aber das ist nun wirklich die billigste Art, das Neinsagen zu lernen: bei seiner Großmutter!«

»Bei wem sonst? Bei seiner Lehrerin vielleicht? Oder bei einem Polizisten?«

»Na schön. Dann erzähl mir aber auch, was *du* machst, wenn die Enkel den so wünschenswerten Widerstand trainieren!«

Ich? Ja, was mache ich. Jedesmal etwas anderes, fürchte ich. Nach Lage der Situation und vor allem nach Lage meiner Laune: Mal zettele ich eine ernsthafte Diskussion an, mal überhöre ich das Nein und schiebe die Schulmappe nach einer

Weile höchstselbst aus dem Eingangsbereich, mal gebärde ich mich tiefbetroffen von einer so unerklärlichen Weigerung, jammere wie ein Schmierenkomödiant und animiere den Enkel zu einem Mini-Sketch, nach dessen Ende zumeist das passiert, was ich wollte; mal bleibe ich auch stumm und wähle den Weg der Retourkutsche.

Die nächste Enkelbitte, die da vielleicht lautet: »Kann ich noch ein Stück Kuchen haben?«, beantworte ich mit einem deutlichen, schon etwas rüden »Nein«! Das verblüfft, wird verstanden und führt meistens zu Kompromißvorschlägen: »Na gut, dann häng ich eben die Jacke auf. Krieg ich *dann* ein Stück Kuchen?«

Vielleicht ist die Methode auch gar nicht so wichtig. Hauptsache, beide Seiten können dabei halbwegs ihr Gesicht wahren, und das hieße: Das Kind fühlt sich weder überwältigt noch beschämt, der Erwachsene weder ausgenutzt noch allen Frechheiten hilflos ausgesetzt. Die Spielregeln sind die gleichen wie in der Politik.

»Ich glaub, ich versuch's erst mal mit der Retourkutsche«, entschied Karla, »ist irgendwie am überzeugendsten.«

Hoffentlich hat sie damit Glück. Ich hab ihr nämlich nicht erzählt, wie mein Dialog mit Julian neulich abgelaufen ist, als er weder seine nasse Badehose aus der Schulmappe noch die Reißzwecken aus der Hosentasche nehmen wollte.

»Gehen wir jetzt in den Park?« hatte er gleich darauf erwartungsvoll gefragt.

»Nein.«

»Wieso denn nicht?«

»Das wirst du dir schon denken können.«

Verblüffung, Grinsen. Dann: »Echt schade für dich. Du freust dich doch immer so, wenn die kleinen Eichhörnchen sich deine Nüsse holen!«

Zeitgefühl

»Rate mal«, fragte mich Anita neulich amüsiert, »rate mal, warum Melinda angeblich so waaahnsinnig gern zu mir kommt!«

»Wenn du schon so fragst, wird es sich vermutlich weder um deine Kochkunst noch um dein Talent zum Märchenerzählen handeln. Also – welchen Luxus bietest du ihr?«

Anita grinste: »Einen Luxus zum Nulltarif. Das Kind kommt so gern zu mir, weil ich es trödeln lasse!«

»Wie ›trödeln‹? Schickst du sie auf den Flohmarkt?«

»Na hör mal! Nein, ich überlasse sie lediglich ihrem eigenen Tempo und treibe sie nie zur Eile an; das ist das ganze Geheimnis! Ein Geheimnis allerdings, das mir selbst nie bewußt geworden ist.«

»Wie denn auch? Du trödelst doch selber gern rum.«

»Überhaupt nicht«, widersprach Anita, »ich lasse mich nur nicht hetzen!«

»Eben. Und damit kommst du dem Begriff von ›Trödeln‹ schon ziemlich nahe.«

Ich weiß, wovon ich rede.

Wenn Julian oder Nikolai bei mir übernachten – was nach Möglichkeit nur stattfindet, wenn sie am nächsten Morgen ausschlafen können –, dann macht es mir überhaupt nichts aus, wenn sie zwischen dem Anziehen der rechten und der linken Socke ein Viertelstündchen träumerisch auf der Bettkante sitzen bleiben; und die Zeit, die sie jeweils für ihre Morgenwäsche brauchen, versuche ich listig zu verlängern, indem ich im Badezimmer ein Bilderbuch oder auch ein albernes kleines Comic-Heftchen deponiere. Das läßt die Kinder auf ganz natürliche Weise trödeln, und ich gewinne ein halbes Stündchen Schlummerzeit, bevor sie dann freudig und energiegeladen dem neuen Tag entgegenspringen!

Im Verlauf des weiteren Tages kann es dann natürlich durchaus passieren, daß sie mich zur Eile antreiben. Das kennt man ja auch bei Erwachsenen: Stundenlang sitzen sie über ihren Briefmarken oder Fotos, lassen über ihrem stillen Eifer die Suppe kalt werden und die Geschäfte schließen, aber wenn sie dann plötzlich den Einfall haben sollten, noch ins Konzert oder Kino zu gehen, dann ist sofortiger Aufbruch angesagt und eigentlich sollte man mit ihnen gleich in Hausschuhen losstürzen.

Bei Julian und Nikolai heißt das dann etwa: »Gehen wir nun endlich auf den Spielplatz, oder was ist?!«

Aber dann erinnere ich sie daran, daß sie bisher nur herumgetrödelt haben und daß ich jetzt dran bin mit dem Herumbummeln: »Ihr werdet euch jetzt bitte noch ein paar Minuten gedulden, ja?«

Was sie dann – ganz wie die Großen! – nur maulend ertragen können.

Trödeln ist eben eine Verhaltensweise, die nur auf den Ausübenden eine erholsame, entspannende, gelegentlich von stillem Glücksgefühl begleitete Wirkung ausübt. Mitbeteiligte, die das fremde Trödeln schnell über die Grenze ihrer nervlichen Reizschwelle jagt, können natürlich alles verderben.

»Allerdings!« schaltete sich Anita wieder in meine Überlegungen ein. »Ich hätte seinerzeit um ein Haar meine Verlobung gelöst, weil Herbert mich vor einem Opernbesuch total wahnsinnig gemacht hat mit seiner penetranten nervösen Drängelei!

Ich durfte mir kaum die Haare kämmen, die richtige Handtasche raussuchen oder etwa noch einen Tropfen Parfüm hinters Ohr tupfen – die ganze Zeit stand er neben mir und hat prophezeit, daß wir den ersten Akt versäumen würden!«

»Und? Habt ihr?«

»Natürlich nicht! Ich bin doch nie unpünktlich, aber ich kann es auch nicht leiden, eine halbe Stunde vorher im Foyer herumzulaufen oder das Programmheft von vorn bis hinten durchzulesen!«

Nun ja. Bei genauerem Hinsehen stellt sich eben schnell heraus, daß – von den unerläßlichen zweckfreien Pausen im Leben einmal abgesehen – manche Menschen grundsätzlich zum Trödeln neigen und andere nicht. Auch schon Kinder zeigen uns deutlich und rechtzeitig, zu welcher Gruppe wir sie zählen müssen, wobei die Trödler den Familienalltag natürlich mehr belasten als die Fixen. Besonders gefürchtet sind die Morgentrödler, die an jedem einzigen Tag beinahe oder tatsächlich den Schulbeginn verpassen. Ihnen ist anfangs nur mit Tricks und zähneknirschend erbrachten Dienstleistungen beizukommen: viel zu früh wecken, alles bereitlegen, an alles rechtzeitig erinnern, Schulfreunde zum Klingeln und Abholen veranlassen, einen Riesenwecker auf dem Frühstückstisch deponieren, liebevoll, aber permanent zum Weiterkauen und Austrinken anspornen!

Das alles geht dem Trödler natürlich heftig auf Geist und Seele, und welch ein Glück für ihn, wenn bei den Großeltern alles ganz anders sein darf! Gar nicht so wichtig, daß Oma immer die Lieblingsgerichte kocht oder kleine Geschenke aus der Schublade zaubert. Hauptsache, sie versucht nicht, dem Puppenbaden, Sofahopsen oder Zeitungzerschnipseln ein vorzeitiges Ende zu bereiten. Hauptsache, es fällt nicht der gefürchtete Satz, der mit den Worten beginnt: »Jetzt aber Schluß mit …«

Ich übe in dieser Richtung ebenfalls keinerlei Druck aus. Und sollten wir durch uferloses Getrödel tatsächlich zu spät ins Kindertheater kommen – das ist alles eingeplant und gilt als »nützliche Erfahrung«; außer, der Tag ist kalt und ungemütlich und wir sind dabei, knapp den Bus zu verpassen, der nur alle zwanzig Minuten kommt. Dann werde ich natürlich auch sehr energisch:

»Entweder du ziehst jetzt sofort deinen Mantel an und kommst, oder du kannst allein an der Haltestelle stehen und frieren!«

Wie komme ich schließlich dazu, mir kalte Füße zu holen, nur weil der Bengel wieder mal so sinnlos herumtrödelt?

Es funktioniert nicht immer…

»Was macht man bloß mit einem Kind, das perfekt schwimmen kann und sich trotzdem nicht ins tiefe Wasser traut?« sagte Karla und sah mich fragend an. »Man kann es doch nicht probeweise vom Boot in den See werfen, nur um zu sehen, ob es vor lauter Angst tatsächlich untergeht oder vielleicht doch nicht…«

Sie redete von ihrem Enkel Oliver, und ich war der Meinung, man sollte einfach abwarten, bis dem Jungen eines Tages die Wassertiefe unter seinem Bauch völlig schnuppe sein würde. Aber Karla stellte das Problem als dringlich dar:

»Er wird von den anderen schon ausgelacht, weil er als einziger der Klasse noch im Nichtschwimmerbecken seine Runden dreht. So was bekommt einem kleinen Jungen doch nicht!«

»Na schön«, sagte ich, »wenn es so dramatisch ist, dann geh *du* doch mal mit ihm ins Schwimmbad.«

Karla sah mich irritiert an.

»Hast du vergessen«, sagte sie dann vorsichtig, »daß ich überhaupt nicht ordentlich schwimmen kann? Ein schlechteres Vorbild als mich kann es ja wohl gar nicht geben!«

»Natürlich weiß ich das«, beruhigte ich sie, »mit meinem Gedächtnis ist alles in Ordnung! Aber überleg doch mal: So wie du dich anstellst, wenn du ins Wasser sollst – also, das wird den Oliver ungeheuer beflügeln. Er wird ganz wild darauf sein, dir zu zeigen, was er alles besser kann; und womöglich springt er gleich noch vom Dreimeterbrett ins Tiefe!«

»Das wird er bestimmt nicht, weil ich es ihm glatt verbieten würde«, sagte Karla, »aber sonst hört sich dein Vorschlag gar nicht so dumm an. Ich kann's ja mal versuchen, ist vielleicht eine gute Übung für Selbstüberwindung – für mich, meine ich!«

Um es gleich zu sagen: Die Sache funktionierte überhaupt nicht. Oliver war ganz glücklich, daß seine Großmutter ebenso unschlüssig vor dem großen Becken herumstand wie er.

»Das scheint in der Familie zu liegen«, stellte er zufrieden fest, und nachdem ihm Karla eine Weile im Nichtschwimmerbecken Gesellschaft geleistet hatte, schlug er vor, das Schwimmbad zu verlassen und lieber Eis essen zu gehen. Was dann auch geschah.

Vielleicht hätte sie ihn ganz direkt und flehentlich bitten sollen, ihr bei ihren unzulänglichen Schwimmkünsten beizustehen? Vielleicht hätte er's ja getan und auf diese Weise seine eigenen Ängste verloren? Großmütter haben eigentlich immer recht gute Chancen, Kinder zu ungeliebten Aktivitäten zu veranlassen; was weniger mit ihrer pädagogischen Begabung, als schlicht mit ihrem Alter zu tun hat. Während jedes Kind die eigene Mutter grundsätzlich für endlos strapazierbar hält – weshalb sie nach seiner Einschätzung auch sehr gut mit allen Problemen und Arbeiten allein fertig werden kann –, ist ihm leicht begreiflich zu machen, daß man mit der Oma schonender umgehen muß. Sie schafft eben einiges nicht mehr so recht!

Auf diese Weise wird dann etwa widerspruchslos der Staubsauger herbeigeschleppt, um die beim Basteln entstandenen Schnipsel aufzusaugen, und es kann sogar zu der sensationellen Frage kommen: »Soll ich dir auch gleich noch den Müll wegbringen?«

Und wenn Oma seufzend feststellt, daß ihr mal wieder der Rücken weh tut und sie sich gar nicht bücken kann, wird auch jenes Sechsjährige, das zu Hause immer noch seinen Fuß in die Luft streckt, auf daß man ihm den Schuh anziehe, eilfertig und wahrheitsgemäß versichern, daß es schon ganz allein eine Schleife binden könne.

Neulich ist es mir sogar gelungen, Julian dazu zu bewegen, sich seine Gutenachtgeschichte selbst vorzulesen. Sich und mir natürlich. Er liest nicht gern selbst, weil er es noch nicht gut genug kann; aber wenn ihm seine Mutter den Zusammenhang zwischen Üben und Können klarzumachen sucht, pflegt er träumerisch in die Gegend zu gucken. Nachdem ich jedoch glaubhaft versicherte, meine Lesebrille vergessen zu haben, machte er sich ans Werk. Etwas holprig, aber von mir sehr belobt und deshalb durchaus zufrieden.

Bei alledem darf man seine angebliche Hinfälligkeit nicht inflationär einsetzen. So wie ich das wohl getan hatte, als Nikolai noch keine fünf Jahre alt war.

Unter Berufung auf allerlei Beschwerden hatte ich mich nacheinander geweigert:

a. auf einen Hochsitz zu klettern,
b. in einem Gebüsch rumzukriechen, um eine verlorene Wurfscheibe zu suchen, und
c. an einem Wettlauf von einer Hügelkuppe abwärts zum See teilzunehmen.

Als ich dann aus gegebenem Anlaß auch noch sagte: »Also Kinder, wenn ihr mich beide gleichzeitig mit Anlauf anspringt, werde ich einfach umkippen!« – da war's passiert. Nikolai sah mich prüfend an und fragte sachlich interessiert:

»Wenn du schon so alt bist, dann stirbst du wohl bald, wie?«

Natürlich ist es wunderbar, daß kleine Kinder noch so herrlich unbefangen sein können. Aber ich konnte diese Frage trotzdem nicht leiden.

Nimm dir ein Beispiel!

»Ich weiß nicht«, sagte Freundin Anita plötzlich mit allen Anzeichen von Resignation, »da füllen die modernen Erziehungsratgeber inzwischen ganze Bücherwände, es gibt Baby-, Krabbel- und Kindergartengruppen allenthalben, Elternversammlungen in der Schule nicht zu vergessen, überall wird den Seelenregungen des Nachwuchses sensibel nachgespürt – und dann hört man doch wieder diesen schrecklichen Satz, der mir aus meiner Kindheit noch heute in den Ohren klingt. Zweimal hab ich ihn heute sogar gehört!«

»Wenn du jetzt nicht auf der Stelle erklärst, wovon du redest ...«

»Sei nicht so ungeduldig«, rügte Anita, »ich verrate den schrecklichen Satz ja schon.«

Und das tat sie. Er lautete: »Nimm dir ein Beispiel an deiner Schwester!« Wahlweise natürlich: an deinem Bruder, deiner Freundin, an Max, Ferdinand, Yvonne! Zweimal innerhalb einer halben Stunde hatte Anita diesen Satz vernommen, als sie am Rande einer Kunsteisbahn stand, auf der Enkelin Melinda wacklig, aber stolz ihre Runden drehte. Zum einen wurde ein gestürzter und laut schreiender Knirps streng angewiesen, sich ein Beispiel am größeren Bruder zu nehmen, der »nie so ein Theater!« machen würde; zum anderen wurde ein kleines Mädchen dringlich gebeten, sich doch endlich mal ein Beispiel an der Freundin zu nehmen, die mit perfekt durchgedrücktem Kreuz ihre untadeligen Achter-Schleifen lief.

»Es hat sich also immer noch nicht herumgesprochen, daß Kinder auf solche Aufforderungen entweder mit Wut oder mit Resignation reagieren – kaum je aber mit der Absicht, sich mehr anzustrengen!«

»Jaja, aber auf der anderen Seite ...« – wenn man Gespräche in Gang halten will, muß man immer mal widersprechen – »auf der anderen Seite brauchen Kinder schließlich Vorbilder, denen sie nacheifern können, oder?«

»Aber doch nicht die, an denen sie sich ein Beispiel nehmen sollen! Vorbilder sucht sich jedes Kind ganz allein!«

Ich seufzte mit Nachdruck.

»Das weiß man ja, was dabei herauskommt, wenn Kinder sich ihre Vorbilder selbst aussuchen. Zwischen Winnetou und Michael Jackson ist da doch alles möglich!«

»Natürlich. Auch Claudia Schiffer, Madonna oder ›Heidi‹ wären denkbar... Reden wir jetzt wieder vernünftig, oder willst du weiter blödeln?«

Wir redeten wieder vernünftig, und es fielen uns auf Anhieb Verwandte, Bekannte, Freunde und Mitschüler ein, an denen wir uns nach Ansicht wohlmeinender Erwachsener ein Beispiel hätten nehmen sollen. Wir erinnerten uns auch deutlich, wie wir die Beispielhaften schlagartig nicht mehr leiden konnten.

Aber wenn doch das eine Kind nun wirklich so ordentlich, lieb und fleißig ist und das andere chaotisch, aufmüpfig und frei von Ehrgeiz?

»Pechsache!« hätten meine Töchter gesagt, als sie Teenager waren, und recht hätten sie gehabt. Jeder Mensch hat seine eigenen Schwächen und Stärken, und wenn man meint, daß ein Vorbild vonnöten wäre, so kann man das immer nur mit der eigenen Person sein. Unauffällig, konstant und wenn möglich heiter und überzeugend. Der Erfolg ist nicht garantiert, aber irgendwas bleibt meistens hängen.

»Allerdings bleibt was hängen«, bestätigte Anita mit kurzem Auflachen, »wenn nicht gerade einer neben mir steht und mir eine Schere in die Hand drückt, knüppere ich noch heute jede Paketschnur mühsam auf, um sie dann sorgfältig wegzulegen! Wie meine Großmutter!«

»Hast du dir je deine Großmutter zum Vorbild nehmen wollen?«

»Natürlich nicht. Auch wie meine Mutter wollte ich nie sein! Im Gegenteil: Ich wollte immer ganz anders sein als sie.«

»Und? Bist du's geworden?«

»So fragt man Leute aus«, wehrte Anita ab, fügte dann aber schnell hinzu: »Immerhin ist es kein Schaden, daß ich heute genauso überpünktlich bin wie sie, obwohl sie mich immer rasend gemacht hat mit ihrem ›Pünktlichkeit ist das A und O des Lebens!‹«

»Vorbild wider Willen – das wäre ein schöner Filmtitel«, bemerkte ich, und natürlich fing ich sofort an, darüber nachzudenken, ob Julian oder Nikolai auf die Idee kommen könnten, sich nicht an meinen vielen vorbildlichen Eigenschaften, sondern just an meinen wenigen Schwächen ein Beispiel zu nehmen!

Sie werden sich doch nicht etwa an dem überraschungsreichen Chaos in meinen Schubladen orientieren oder an meiner gelegentlich ausufernden Neigung, mich in alle Mißstände dieser Welt einzumischen?

»Werden sie bestimmt nicht«, beruhigte mich Anita und grinste freundlich, »was hängenbleibt, sind ja immer die ordentlichen Eigenschaften. An den Schwächen anderer orientiert sich kein Mensch …«

Gerade wollte ich aufatmen, als sie unbarmherzig fortfuhr: »… die werden höchstens vererbt!«

Taschengeld

»Hast du schon daran gedacht, daß die Mama in der nächsten Woche Geburtstag hat?« hatte ich Nikolai gefragt, und der hatte sofort eifrig genickt.

»Klar. Ich bastel ihr auch was Schönes.«

»Und was?«

»Weiß ich noch nicht.«

Nun ist Nikolai zwar ein großer Improvisationskünstler, der mit Papier, Filzstiften und sehr sehr viel Tesafilm in kürzester Zeit Kunstwerke aller Art entstehen lassen kann, aber seine phantasievollen Schöpfungen sind immer sehr schwer zu verstauen, und so machte ich einen Vorstoß in anderer Richtung:

»Du könntest Mama ja auch mal etwas kaufen«, schlug ich vor und war von dieser Empfehlung im nachhinein ebenso erstaunt wie der Junge.

»Kaufen?« fragte er irritiert, aber ich beschloß, die Richtung beizubehalten.

»Ja sicher. Du könntest ihr zum Beispiel neue Blumen für den Balkon kaufen.«

»Bezahlst du die?«

»Natürlich nicht! Du hast doch selber eine ganze Menge Geld, oder?«

»Das spar ich doch!« erklärte Nikolai, und nun mußte ich mich entscheiden: Sollte ich ihn auf seinem soliden steinigen Sparweg bestätigen oder ihn auf den blumigen Pfad des spontanen Geldausgebens locken? Ich entschied mich für einen Mittelweg.

»Du mußt ja nicht alles sparen«, erklärte ich, »das machen die Erwachsenen auch nicht. Guck mal, wenn ich immer ganz viel sparen würde, könnten wir nicht soviel Schönes zusammen machen, ich meine, ins Grüne fahren, Eis essen gehen oder Dinosaurier kaufen.«

»Na gut«, sagte Nikolai, »dann kauf ich Mama was. Eigentlich braucht sie ein neues Auto, weil das alte immerzu in der Werkstatt ist. Gibst du mir was zu?«

Da erinnerte ich mich, daß Nikolai sich vor einiger Zeit erkundigt hatte, ob er, sofern er sein ganzes Taschengeld immer sparen würde, später dennoch arbeiten müsse, und befand, daß dieses Kind noch im Zustand finanzieller Unschuld wäre. Und sein etwas älterer Bruder Julian? Der wiederum hatte neulich erwähnt, daß sein Freund Olaf sich drei Mark von ihm geliehen habe, für ein Mickymausheft.

»Wird er das zurückzahlen?« hatte ich mich erkundigt.

»Mal sehen«, hatte Julian lässig gesagt und seine Eisenbahn in Gang gesetzt, »ist ja auch egal.«

»Wenn du meinst«, sagte ich da bloß, gedachte allerdings, diesen Freund im Auge zu behalten ...

Im übrigen beschloß ich, mich für künftige Debatten fit zu machen. Jede Zeit hat schließlich ihre eigenen ungeschriebenen Gesetze für den Umgang mit Geld, und so kam es mir sehr gelegen, daß ich Anitas Schwiegertochter im Supermarkt traf.

Ob sie ihren Kindern wohl Ratschläge gäbe, wie sie mit ihrem Taschengeld umgehen sollen?

»Klar«, lachte die junge Frau, »Melinda sage ich dauernd, sie soll nicht so schrecklich sparsam sein und sich von ihrem Taschengeld auch mal was kaufen, und Ingo erkläre ich ständig, daß er sein Geld nicht gleich am ersten Tag der Woche ausgeben darf! Tolle pädagogische Konsequenz, wie? Aber man kann ja nicht alle über einen Kamm scheren!«

Dann warf sie einen Blick auf ihren Einkaufswagen und sagte seufzend: »Schon wieder viel mehr eingekauft, als ich wollte! Tschüs denn ...«

Ich kam gar nicht mehr dazu, zu sagen: »Vielen Dank, Sie haben mir sehr geholfen!«; denn das hat sie wirklich. Sie hat mich an etwas erinnert, was ich natürlich längst weiß: Jeder Mensch muß in jeder Beziehung seinen eigenen Stil finden, und auch für den Umgang mit Geld gibt es keine allgemein verbindlichen Richtlinien. Glücklicherweise, denn die Welt braucht gleichermaßen mutige Investoren wie treue Sachwalter, braucht die bescheidenen Sparer und die unbekümmerten Käufer, die »Grillen« wie die »Ameisen«.

Was sie allerdings nicht braucht, das sind die Geizigen!

Von Nikolai ist zu berichten, daß er seiner Mutter tatsächlich ein richtiges, gekauftes und dennoch phantasievolles Geburtstagsgeschenk machte. Er hatte sich für ein kleines silbernes, mit bunten Steinen verziertes Döschen entschieden und überreichte es ihr mit den Worten: »Da kannst du dann immer die Zähne reintun, die dir ausfallen!«

Nach kurzer Verblüffung waren alle sehr angetan von seiner Geschenkidee und ich ganz besonders: Geizig, gottlob, ist der Junge nicht!

Mißgeschicke und Missetaten

»Eigentlich kann man sie doch wirklich gut auseinanderhalten«, orakelte Karla mal wieder vor sich hin, kam nach einer kleinen Pause aber doch zur Sache. »... die Mißgeschicke der Kinder und ihre häßlichen Verhaltensweisen, meine ich.«

»Ja, und?«

»Man unterscheidet sie trotzdem viel zu wenig.«

Stimmt. Aber darin haben wir alle miteinander auch noch recht wenig Übung.

Wie in unzähligen Autobiographien nachzulesen, wurden Kinder vor noch gar nicht so langer Zeit gedankenlos für alles bestraft, was den Eltern ein Ärgernis war: Ob sie zu spät zur Schule oder mit zerrissener Hose nach Hause kamen, ob sie das aus der Kneipe geholte Bier verschüttet oder gar das Einkaufsgeld verloren hatten – Prügel, Stubenarrest oder andere Strafen waren ihnen sicher. Nur selten machte sich jemand die Mühe, herauszufinden, ob nicht vielleicht die Bosheit anderer Kinder oder die häßlichen Tricks fremder Erwachsener das jeweilige Unglück herbeigeführt hatten. Das Kind konnte erklären, was es wollte, es half ihm selten etwas. Die Folgen interessierten, die Ursachen weniger.

Nein, so sind wir hier und heute nicht mehr!

Wir überlegen schon sehr gründlich, warum Robert sich in letzter Zeit dauernd prügelt, und warum Ilona, das liebe Kind, das Blaue vom Himmel herunterschwindelt, seit sie auf der neuen Schule ist. Und selbst wenn Jacken und Hosen durch leichtfertiges Übersteigen von Zäunen oder unbekümmertes Rumrutschen auf Schotterwegen vorzeitig ruiniert werden, ist neben eindrucksvollem mütterlichem Seufzen allenfalls ein mahnendes Gespräch angesagt, aber doch keinesfalls eine drakonische Strafe.

Strafen werden erst erwogen, wenn es um alarmierende Anzeichen für charakterliche Fehlentwicklungen geht: etwa um das listige Übervorteilen Jüngerer – »Du kannst den Lutscher haben, aber ich krieg dafür deinen Teddy!« –, den feigen Angriff auf Schwächere mit der Variante »drei gegen einen« – oder auch die täglichen kleinen Bosheiten, die Geschwister sich antun können.

Mit anderen Worten: Wir wollen gerecht sein! Wir alle, Eltern, Großeltern oder wer sonst gerade mit Kindern befaßt ist.

Das ist schön von uns. Leider aber wird aus dem Vorsatz oft nichts; da hat Karla schon ganz recht. Das liegt daran, daß unsere Nerven vom Übermut und Ungeschick der Kinder viel hautnäher strapaziert werden als von dem unschönen Benehmen, das sie innerhalb oder außerhalb der Familie an den Tag legen. Der voreilig eingegossene und prompt über die liebevoll dekorierte Geburtstagstafel gekippte Kakaobecher – kurz vor Eintreffen der kleinen Gäste, versteht sich –, erscheint für den Augenblick viel unerträglicher als das zuvor aus dem Fenster geschriene »Hein, Hein – Humpelbein!«, das man beiläufig mit einem Nunlaßdasmal! gestoppt hat.

(Früher übrigens hieß es an dieser Stelle gegebenenfalls pauschal und unausweichlich: »Rotkopf, die Ecke brennt!«, und das war ungleich härter, weil es für die Betroffenen eine sich durch die ganze Kindheit hinziehende Belastung darstellte. Der Erzählung nach war meine eigene Mutter, als die ersten Sonnenstrahlen auf meinen spärlichen Babyflaum fielen, erschrocken in die Worte ausgebrochen: »O Gott, sie wird doch keine roten Haare kriegen!« Kriegte sie nicht, hat sie sich aber später sehnlichst gewünscht!)

In jedem Fall braucht man Zeit, um mit dem Kind über irgendein häßliches Verhalten in Ruhe zu reden, und wenn es denn im Augenblick so gar nicht paßt, gerät die Geschichte leicht in Vergessenheit. Und vielleicht ging es ja bei dem »Hinkebein« auch nur um ein vorübergehendes Gipsbein? Man wird einfach mal abwarten.

»Schimpfen oder Hauen ist eben viel einfacher als Seelenpflege«, faßte Karla unsere Überlegungen sachlich zusammen, »und wenn das Kind einen Mitschüler schikaniert, kommt das billiger, als wenn es den Videorecorder kaputtgemacht hat.«

»Trotzdem sollten Kinder immer wissen, daß sie wegen verlorener Turnschuhe weniger Ärger kriegen werden als wegen miesen Benehmens.«

»Wenn sie das erst mal ›verinnerlicht‹ haben«, fiel Karla nun wieder ein, »werden sie so wunderbar unbeschwert sein, daß sie am nächsten Tag gleich noch den Trainingsanzug im Bus liegenlassen!«

Aber diese Gefahr ist wirklich leicht zu bannen, denn auch straffreie Schludrigkeit muß natürlich Folgen haben: Wer seine Schlittschuhe verliert, für den ist die Eislaufsaison eben zu Ende. Und wer mit seinem Puppenwagen ein Rennen bergabwärts veranstaltet und sich damit einen Totalschaden einhandelt, der muß seine Puppe fürs erste auf dem Arm spazierentragen. So ist das Leben!

(Obwohl – es ist mir schon sehr schwer gefallen, Nikolai nicht gleich wieder einen neuen Kompaß zu kaufen, nachdem er den vielgeliebten im Wald verloren hatte!)

Auf jeden Fall – wenn Claudia das liebste Kuscheltier ihrer Schwester im Müllcontainer versenkt hat, oder Olaf das Absperrband vor der Baugrube heimlich durchschnitt, in der wilden Hoffnung, der verhaßte Nachbarjunge würde in der

Dämmerung hineinstürzen, dann muß ernsthaft über fühlbare Strafen nachgedacht werden. Über gerechte Strafen, versteht sich …

Karla nickte. Und sah mich dann fragend an: »Oliver hat seinen Bruder jetzt schon zum drittenmal in unseren Ententümpel geschubst, was bitte wäre da wohl eine ›gerechte‹ Strafe?«

Ich fand, das müsse sie allein rauskriegen …

Immer hin und her

Manchmal denke ich, daß die Erziehung ganz ähnlichen Gesetzen folgt wie die Mode: So wie die Röcke mal ganz lang und dann wieder besonders kurz werden – so geht's auch in der Erziehung immer hin und her: Mal streng, mal locker.

Was die Röcke angeht, so liegt in dem Wechsel eine zwingende Logik, denn irgendwo muß auch der kürzeste Rock aufhören, kurz zu sein, und sofern aus einem langen Rock keine Schleppe werden soll, muß er, als modische Neuheit verkauft, wieder kürzer werden. Erziehung aber ist auf wirtschaftlichen Erfolg nicht angewiesen – warum fällt sie trotzdem von einem Extrem ins andere?

»Ist doch klar«, erklärte Freundin Anita mal wieder ganz lässig, »mit kleinen Verbesserungsansätzen kannst du dir doch kein Gehör verschaffen, du mußt schon zum großen Gegenschlag ausholen. Wenn dir ›Kinder haben zu gehorchen!‹ nicht mehr gefällt, mußt du ›Alle Macht den Kindern!‹ schreien! Damit kommst du vielleicht ein Stück weiter.«

Also doch wie in der Mode: Der kühne Laufsteg-Entwurf muß erst kräftig beschnippelt werden, bis er »tragbar« wird. Dennoch kommt auch er wieder aus der Mode. Wie die Pädagogik?

»Klar«, nickte Anita, »*mir* gefällt inzwischen auch nicht mehr, daß Kinder heute so ungeheuer locker mit Erwachsenen umgehen! Fragt mich doch gestern – als ich gerade in mein Auto steige – so ein kesser Knabe, ob ich denn ›in meinem Alter‹ überhaupt noch fahren dürfe! Also ehrlich, ich hätte sie gern wieder ein bißchen schüchterner! Ist dir übrigens schon aufgefallen, daß heute kein Kind mehr rot wird?«

Mit dieser Frage verabschiedete sich Anita, und ich machte automatisch die Zeitrolle rückwärts ...

Ich allerdings war als Kind mit einer gewissen Regelmäßigkeit rot geworden: Wenn ich beim Schwindeln ertappt wurde, wenn ich vor versammeltem Kaffeekränzchen gestehen mußte, daß ich heimlich über die »Besuchskekse« hergefallen war, oder auch wenn ich eine witzige Bemerkung gemacht zu haben glaubte, und keiner lachte.

In all diesen Fällen stieg mir unvermeidbar die Röte ins Gesicht – ich schämte mich eben. Wozu man seinerzeit ja auch ständig aufgefordert wurde:

»Was? Eine 5 in Mathe? Wieder nicht Klavier geübt? Deinen Bruder gehauen? Schäm dich!«

Selbst wenn man sich nur dreckig gemacht hatte, hieß es:

»Wie siehst du denn aus? Schäm dich!«

Nein, das war wirklich nicht schön für ein Kind, das wollen wir nicht mehr.

Aber heißt das nun, daß Schämen ein für allemal »out« ist, daß kein Kind je wieder rot werden müßte oder dürfte? Grundsätzlich wäre ihnen das ja zu gönnen, aber andererseits: Werden sie sich dann am Ende zu jenen dreisten Menschen entwickeln, die in die Talkshows stürzen, um uns ungehemmt und eben ohne rot zu werden über ihre Ex- oder Nochliebhaber und alle damit verbundenen Erfahrungen zu unterrichten, die heiter über ihre Verbrecherkarriere plaudern oder die uns mit laienhaftem Striptease-Gezappel belästigen?

Sollen die Kinder auch so werden? Und wenn nein, müssen wir ihnen dann nicht doch beibringen, sich gelegentlich, aus gegebenem Anlaß, ein bißchen zu schämen? Oder lernen sie das von ganz allein, wenn man sie nicht hindert?

»Ich will jetzt duschen«, hatte Nikolai mir neulich bedeutet, als ich mir am Waschbecken die Hände wusch, »gehst du bitte raus?«

Fast hätte ich gelacht und ihn daran erinnert, wie oft ich ihn seit seiner Geburt schon gewaschen und gebadet habe – aber dann sagte ich nur: »Klar, bin schon draußen!« und verließ das Badezimmer.

Soll er etwa kein Gefühl für seine »Intimsphäre« entwikkeln? Na also.

Und als Julian neulich erklärte, er wolle seinem Onkel nichts auf der Gitarre vorspielen, denn: »das ist mir peinlich, nachher denkt der noch, ich will angeben!«, nickte ich nur zustimmend.

Soll es ihm ruhig ein bißchen peinlich sein, sich mit noch bescheidenen Fähigkeiten zu produzieren, das kann nichts schaden!

Und im übrigen: Sollte ich die Kinder jemals dabei erwischen, wie sie kleinere Kinder zu ungünstigen Tauschgeschäften überreden oder sie beim Murmelspielen mitleidslos um den gesamten Besitz bringen, oder sollte ich erfahren, daß es sie amüsiert, wenn ein paar Klassenrüpel die neue Lehrerin so lange ärgern, bis ihr die Tränen kommen – dann werde ich ihnen ganz altmodisch klarmachen, daß sie sich schämen müssen, und zwar gewaltig!

Nur den Zeigefinger werde ich dabei nicht hochheben, das nun wirklich nicht!

Du wirst dich erkälten!

Es gibt Standard-Dialoge zwischen Eltern und Kindern, die über Generationen hinweg nichts von ihrer nervenden Aktualität eingebüßt haben. Einer davon ist dieser:

»Ich geh noch ein bißchen raus, ja?«

»Gut, aber zieh dir eine Jacke über!«

»Brauch ich nicht!«

»Doch, brauchst du, es ist kalt draußen.«

»Ich friere nicht!«

»Du wirst dich erkälten!«

»Werd ich *nicht*!«

Und weg ist das Kind, und wenn Sie ihm jetzt nicht jackewedelnd hinterherlaufen oder aus dem Fenster gehängt »Komm sofort zurück!« nachschreien wollen, dann bleibt nur eins: zu hoffen, daß nicht Sie recht behalten werden, sondern das Kind.

Die Chancen stehen so etwa eins zu eins – denke ich, vielleicht auch zwei zu eins fürs Kind, oder umgekehrt, kein Mensch hat natürlich eine Umfrage in Auftrag gegeben, und selbst wenn es so wäre, würde das Ergebnis niemanden zu einer Änderung des Verhaltens veranlassen. Erkälten oder nicht Erkälten ist nicht gerade eine Seins-, aber eben doch eine Daseinsfrage. Ein fieberndes Kind bringt die Planungen der Eltern ins Wanken und zwingt Großeltern zu Rechtfertigungen bezüglich ihrer Aufsichtspflicht. (»Bei *mir* hat es sich das *nicht* geholt!«)

Was also tun, wenn das Kind zu einem Schulausflug aufbricht, heiter in die Morgensonne blickt und sich weigert, eine Regenjacke mitzunehmen: »Heute regnet es nicht!!«

Diesen Optimismus – der jede Wettervorhersage in den Wind schlägt – teilt es zwar mit vielen seiner erwachsenen Zeitgenossen, aber die wissen sich am Ende schon zu helfen und gehen uns im Zweifel auch nichts an. Das Kind wird aber bis auf die Haut naß werden, wir ahnen das ...

Leider nützt es nichts, im eiligen Morgenablauf an die Vernunft zu appellieren. Das Kind ist unvernünftig. Es nützt nichts, ihm das als lästig empfundene Kleidungsstück aufzudrängen, es wird es ausziehen. Es nützt nichts, ihm einen Extrabeutel mit Jacke, Schal oder Mütze umzuhängen, es wird ihn sich bei erster Gelegenheit vom Hals schaffen und irgendwo liegenlassen ...

Als Großmutter ist man in der bevorzugten Lage, alles schon einmal erlebt zu haben, und als Nikolai sich unlängst weigerte, trotz eindeutiger, dicker Schneewolken am Himmel, mit Mütze mit seinem Schlitten loszuziehen, sprang mein Gedächtnis um drei Jahrzehnte zurück und verzauberte Nikolai in die achtjährige Eva, die zum spätsommerlichen Klassenausflug mit dem neuen leichten Sommerkleidchen aufbrechen wollte:

»Ich brauche nur was zu trinken und zu essen, sonst *gar* nichts!«

Damals war es mir tatsächlich gelungen, den Mund zu halten und auf den Boden ihres kleinen Rucksackes, unter Thermosflasche, Brotbüchse und Apfel, ein flach zusammengelegtes Wolljäckchen zu schmuggeln. Als das Kind am späten, kühlen Nachmittag nach Hause kam, hatte sie tatsächlich das Jäckchen an, machte auch keinerlei Anstalten, es vor der Haustür wieder in den Rucksack zu stopfen, sondern sagte nur grinsend:

»Es ist wirklich kühl geworden – die meisten andern Kinder haben gefroren!«

Nikolai holte mich in die Gegenwart zurück:

»Neiin! Keine Mütze! Die Omas brauchen immer so warme Sachen, weil sie schon alt sind und immer so frieren! Ich friere nicht!«

Und da verkniff ich mir jeden Hinweis auf seine empfindlichen Ohren und sagte nur: »O. K., wenn du meinst ... Aber warte einen Moment, ich geb dir noch eine kleine Überraschung mit.«

»Au ja!«

Und weil Kindersachen heutzutage so herrlich weit geschnitten sind, konnte ich Nikolais Lieblingskekse unauffällig in seine Wollmütze wickeln und in die Innenseite des Anoraks stecken.

Er zog los, und bald darauf verdunkelte sich der Himmel und es schneite.

Ich sah aus dem Fenster, als er zurückkam, und er winkte schon von weitem, die Mütze tief ins Gesicht und über die Ohren gezogen.

Auch er grinste, als ich ihm die Tür öffnete:

»Hab ich ja gleich gewußt, daß du mir die Mütze in die Tasche stecken würdest!«

Er zog sie sich vom Kopf und warf sie lässig auf das Garderobenbrett.

Es schien für ihn keinen Zweifel zu geben: *Er* hatte unser Spielchen gewonnen!

Der reine Übermut

Eines Tages passiert es: Die liebende Großmutter, die sich gerade entschlossen hat, dem Enkelkind das ganz besondere Vergnügen einer Dampferfahrt zu bieten, sagt beiläufig, kurz vor dem Weggehen: »Deine Schnürsenkel sind noch nicht zugebunden«, und es erfolgt – nichts.

Das Kind ist schon durch die halb geöffnete Wohnungstür geschlüpft und stellt sich taub.

»Deine Schnürsenkel sind offen«, wiederholt die Großmutter noch einmal, während sie die Tür abschließt, und jetzt bequemt sich das Kind auch zu einer Antwort.

Die Antwort ist genaugenommen eine Frage und lautet: »Na und??«

»Was heißt, ›na und‹?« Die Großmutter bleibt gelassen und behält auch den ganz normalen Tonfall bei: »Nun mach schon, wir wollen doch losgehen.«

»Können wir ja«, stellt das Kind fest und macht nicht die geringsten Anstalten, sich zu bücken.

Es entsteht eine längere Pause, Großmutter und Enkel sehen sich an – und jetzt gibt es so etwas wie einen Augenblick der Wahrheit: Kann sein, das Enkelkind läßt die Situation eskalieren, indem es nunmehr behauptet, immer mit offenen Schnürsenkeln zu laufen:

»Ist doch viel praktischer!«

Kann sein, die Großmutter überdenkt in aller Eile mögliche Gegenmaßnahmen – angefangen vom lässigen Achselzucken (»Bitte sehr! Wenn du unbedingt hinfallen und dir das Knie aufschlagen willst«), über die schlichte Stornierung des geplanten Unternehmens (»Wenn das gleich so anfängt mit dir, bleiben wir besser zu Hause!«) bis zur Ankündigung von Taschengeldentzug (»Morgen ist übrigens der Erste; aber du kommst sicher auch mal ohne Taschengeld aus, oder?«).

Kann aber auch sein, der Blickkontakt zwischen den Kontrahenten dauert lange genug, um einen von beiden zum Lachen zu bringen. Grinsen würde auch schon genügen. Dann könnte die Oma dem Kind einfach ein bißchen die Haare zerstrubbeln, was das Kind sich verbittet, worauf die Oma sich entschuldigt – und beide laufen einfach los. Am nächsten Schaufenster könnte die Großmutter längere Zeit interessiert stehenbleiben, und die Chancen stehen gut, daß das Kind den Aufenthalt zum Binden seiner Schnürsenkel benutzen wird.

Bei der ganzen Geschichte ist die Großmutter wieder mal um eine Erfahrung reicher: Das Kind reizt es nunmehr, auch in die Beziehung zu ihr, der so Einfühlsamen, Nachgiebigen und Vertrauten, ein bißchen Spannung zu bringen. Und das gelingt ihm auch, denn darauf war sie nicht gefaßt.

Die meisten Großmütter sind darauf nicht gefaßt.

»Ich weiß nicht«, sagte auch Anita, die resolute, selbstsichere Anita neulich ganz verunsichert, »der Ingo benimmt sich in letzter Zeit so merkwürdig. Ich bitte ihn zum Beispiel, die Tür zuzumachen, und er tut's nicht. Er tut es einfach nicht! Was soll das? Will er mich ärgern?«

»Natürlich will er dich ärgern«, sagte ich, »was denn sonst?«

»Aber warum denn?«

»Warum denn nicht?« gab ich zurück, weil mir auch gerade danach zumute war, jemanden ein bißchen zu ärgern.

»Weil ich ihm keinen Anlaß dazu gebe!«

»Seit wann braucht man einen Anlaß, um jemanden zu

ärgern? Gelegentlich ärgert man eben jemanden. Macht doch Spaß!«

Anita holte schon Luft, um zu widersprechen, sagte dann aber nur: »Mir macht es aber keinen Spaß, geärgert zu werden!«

»Natürlich nicht«, erklärte ich ihr geduldig, »sonst wär's ja auch kein Spaß für Ingo.«

Schließlich einigten wir uns darauf, daß es so etwas wie reinen Übermut gibt, der zumeist darauf schließen läßt, daß es dem von ihm Gebeutelten gutgeht!

»Zu gut!« wie manche Menschen finden, aber die waren vielleicht niemals selbst so richtig kreativ und unternehmungslustig. Da sind wir gottlob ganz anders!

Trotzdem muß ich noch darüber nachdenken, wie ich mich verhalte, wenn Nikolai nachmittags zu mir kommt. Ich bin sicher, er steckt sich wieder vor dem Essen noch schnell einen Bonbon in den Mund, findet seine tintenverschmierten Hände nicht waschbedürftig und stellt den Fernseher an, wenn die Frage der Schularbeiten im Raum steht. Bei alledem wird er mich unerschrocken ansehen, und seine Augen werden nur so blitzen vor Übermut!

Natürlich weiß ich, daß es richtig schlau von ihm ist, seine Willenskräfte erst mal an mir zu trainieren. Bei mir ist das Risiko besonders klein, daß aus dem Spiel des Ärgerns ein wirklicher Ärger entsteht.

Trotzdem hab ich manchmal Lust zu sagen: »Jetzt reicht's! Entweder du hörst sofort auf, mich zu ärgern, oder ich gehe weg und laß dich allein!«

Aber da sagt er womöglich: »O. K., mach das!«

Und was tue ich dann?

Liebe reicht nicht!

»Kennst du eigentlich Leute, die völlig humorlos sind?« fragte Karla beiläufig, während sie einen Napfkuchen mit Puderzucker bestäubte.

»Nicht näher«, sagte ich, »wieso fragst du?«

»Weil es mir ein Rätsel ist, wie humorlose Leute ihre Kinder aushalten können!«

»Vielleicht solltest du lieber darüber rätseln, wie es Kinder mit humorlosen Eltern aushalten«, schlug ich vor, aber Karla wehrte ab:

»Neinnein, die Eltern sind zuerst da! Und die müssen ihr Leben so radikal umkrempeln wegen der Kinder, daß das eigentlich nur klappen kann, wenn sie Sinn für Humor haben.«

»Genügt ja vielleicht auch, daß sie ihre Kinder lieben«, sagte ich leichthin, weil ich eigentlich über etwas anderes reden wollte, aber damit kam ich natürlich nicht durch.

»Das genügt eben nicht, und das weißt du auch«, sagte Karla bestimmt. »Kein Mensch liebt sein Kind, wenn es gerade Spinat in die Gegend spuckt, die neu gekauften Briefmarken zerschnippelt, oder...«, sie mußte lachen, »wenn es auf dem Weg zu einem festlichen Familientreffen auf eine Baustelle rennt und bäuchlings in einer Dreckpfütze landet; keiner!«

»War das dein Sohn mit der Pfütze auf der Baustelle?« Ich wurde neugierig, denn die Geschichte kannte ich noch nicht.

»Nein, das war ich. Ich war fünf und ich wußte genau, was

das damals für meine Eltern bedeutete: Blamage! Sie hatten mir extra neue Sachen gekauft und waren sogar mit mir erstmalig zum Friseur gegangen.«

»Und? Was war? Großes befreiendes Gelächter?«

»Erst mal stieß Mama ihren gefürchteten ›spitzen Schrei‹ aus und Papa holte Luft zum gefürchteten Donnerwetter; aber dann fingen sie an zu lachen. ›Das ist die Strafe dafür, daß wir mit ihr angeben wollten!‹ stellte mein Vater fest, und meine Mutter überlegte, daß ich sowieso nicht das schönste Kind gewesen wäre, aber das dreckigste sei ich nun auf jeden Fall.«

»Kompliment. Und wie wurde das Fest?«

»Fabelhaft. Erst wurde ich in die Badewanne gesteckt, und dann bekam ich ein ganz schickes Kleid von meiner Cousine. Es hatte sich durchaus gelohnt, die Sache locker zu nehmen.«

Und wir versicherten uns nochmals gegenseitig, daß man ohne Humor die Kindererziehung nicht überlebt. Nicht als Eltern und nicht als Großeltern. Genaugenommen läßt sich das ganze Leben nicht aushalten, wenn man nicht einen Sinn für die komische Seite all der banalen Mißgeschicke entwickelt, die einen unausweichlich ereilen. Vornehmlich natürlich immer wieder mit Hilfe der Kinder; denn die richten den größten Schlamassel ja auch gerade dann an, wenn sie es gut meinen und sich besonders schlau vorkommen. So passierte es einer Freundin, daß ihr Zehnjähriger vorsorglich die Würstchen für die Gartenparty aus dem Tiefkühlschrank genommen hatte, auf daß sie zu Beginn des Grillens auch aufgetaut seien. Gut gedacht – nur hatte er nicht mitbekommen, daß die Gartenparty abgeblasen worden war.

»Meine Tochter hat in gleichem Alter mal die Feuerwehr alarmiert, weil aus unserem Küchenfenster dicker Qualm kam«, erinnerte sich Karla.

»Und dabei hattest du nur die Buletten in der Pfanne vergessen«, vermutete ich.

»Es war ein Schnitzel«, verbesserte Karla, »und vermutlich wurde einem Schnitzel noch niemals soviel Aufmerksamkeit zuteil! Die Besatzung eines ganzen Löschzuges starrte es an, bevor sie in erleichtertes Lachen ausbrach. Dem wir uns anschlossen, was sonst?«

Die Situationen, in denen man Kindereinfällen nur mit den letzten Resten zusammengekratzten Humors begegnen kann, sind tausendfältig. Die Phantasie von Kindern ist schließlich unerschöpflich. Und wenn sie anfangs besonders gern Wände oder Wohnungseinrichtung auf ihre Weise farblich verschönern, greifen sie wenig später entschlossen in den Werkzeugkasten, um vermeintliche Schäden an sensiblen Geräten zu beheben. Und sehr schnell lernen sie die Kunst, anwesenden Gästen die peinlichsten Witze zu erzählen, die gerade in der Schule kursieren. Alles nur gut gemeint!

Gut gemeint war es auch, daß die Enkel sich beim herbstlichen Pilzesuchen erboten, meine Jacke zu tragen, als es mir zu warm geworden war. Ich war ganz gerührt von ihrer Fürsorglichkeit; leider nur wirbelten sie die Jacke abwechselnd über ihren Köpfen herum ... Nun, Brille und Bürste fanden wir schnell wieder, aber die Autoschlüssel! Natürlich habe ich immer einen Ersatzschlüssel in der Handtasche, nur hatte ich diese mitsamt Geld und Papieren im Kofferraum des Wagens gelassen. Wir suchten also keine Pilze mehr, wir suchten die Autoschlüssel. Lange, aber vergeblich. Die Kinder waren etwas niedergeschlagen, jedoch voller Hoffnung, daß sich am geplanten Tagesverlauf nichts ändern würde: »Wir kriegen bestimmt den Kofferraum irgendwie auf, und dann können wir ruhig noch Pizza essen fahren!«

Also zurück zum Auto, wo uns die nächste Überraschung erwartete: Es war aufgebrochen und das Radio säuberlich ausgebaut worden. Bevor ich einen angemessenen Wutanfall kriegen konnte, sagte Julian sachlich: »Da hätten wir nicht so lange den Schlüssel suchen müssen; den Kofferraum kriegst du doch von innen auf!«, und Nikolai fügte hinzu: »Wenn wir jetzt vor dem Lokal parken, kann gar nichts mehr passieren; ist ja sowieso alles offen!«

Gemeinsam stellten sie dann noch tröstend fest, daß ich beim Autofahren eigentlich nie Radio höre, gemahnten mich an mein soziales Gewissen (»Der Dieb braucht das Radio vielleicht ganz nötig!«) und brachen in Freudengeschrei aus, als sie im Kofferraum tatsächlich meine Handtasche mit komplettem Inhalt vorfanden. Ich versagte es mir schließlich, darüber nachzudenken, ob wir nicht ohne Schlüsselsuche rechtzeitig genug am Auto gewesen wären, um dem wie auch immer sozial benachteiligten Autoknacker zuvorzukommen. Wir fuhren Pizza essen.

»Sag ich doch, daß man ohne Humor aufgeschmissen ist«, erinnerte Karla. »Man muß einfach so viel mitmachen, wozu man gar keine Lust hat. Oliver und Simon haben zum Beispiel mein ganzes Wohnzimmer umgeräumt, nur damit sie mir ihren ›Salto mit Anlauf‹ vorführen konnten. Tatsächlich lan-

deten sie nach ihren Luftsprüngen auch auf dem Sofa – allerdings auch jedesmal fast in der Glasvitrine. Es hat mich ziemlich genervt, aber sie waren so stolz auf ihre Zirkusnummer, ich konnte sie einfach nur loben.«

Und damit schnitt sie den Kuchen auf: »Ich bin gestern abend extra noch mal losgerannt, um Zitronat zu kaufen. Willst du schon ein Stück?«

Bevor ich bejahen konnte, klingelte es, und gleich darauf stürzten beide Enkel in die Küche. Simon sah den Kuchen und legte besorgt die Stirn in Falten: »Hoffentlich hast du kein Zitronat reingemacht, das ist nämlich ganz eklig.«

»Ja wirklich, da muß man gleich kotzen«, bestätigte Oliver.

Karla fiel kurzfristig in so etwas wie starres Erstaunen.

»Was euch nicht schmeckt, könnt ihr ja rauspulen«, schlug sie dann ganz gelassen vor.

Wir versuchten angestrengt, in verschiedene Zimmerecken zu sehen, doch das mißlang...

»Wieso lacht ihr denn so albern?« fragten die Kinder. Aber wir verrieten es ihnen nicht...

Arbeit und Vergnügen

»Ich möchte wirklich wissen«, empörte sich Anita plötzlich ohne jeden Anlaß beim Kaffeetrinken, »welcher Trottel das Wort ›Schularbeiten‹ erfunden hat!«

»Das wird sich kaum feststellen lassen«, vermutete ich, »aber warum sagst du nicht einfach ›Hausaufgaben‹, wenn dir ›Schularbeiten‹ nicht gefällt?«

»Weil die Kinder selbst ja nur von ›Schularbeiten‹ reden. Da können sie dann wenigstens gleich losstöhnen: Aaarbeit! Welche Last, welche Mühsal, welche ... na, was war da noch??«

»Plage. Mühsal und Plage. Oder auch Schinderei, Quälerei, Strapaze und nicht zu vergessen: Horror! Täglicher nervenaufreibender Horror!«

»Also ›Horror‹ haben meine Enkel noch nicht entdeckt. Aber alles andere wollen sie einem ständig einreden. Das ganze Leben eine einzige Arbeitsüberlastung! Und wie kommen sie darauf??«

Na, wie schon? Da brauchten wir nicht lange zu überlegen.

Der Begriff »Arbeit« ist für die meisten Kinder von vornherein negativ besetzt, weil er im Zusammenhang mit all jener Arbeit gesehen wird, die die Eltern davon abhält, mit ihnen ›Schwarzer Peter‹ zu spielen, in den Zoo zu gehen oder abends vorm Einschlafen noch ein kleines Stündchen an ihrem Bett zu verbringen.

Denn entweder erleben Kinder ihre Eltern im Arbeits*streß* – »meingott, komm mir doch jetzt nicht mit deinen Puzzle-Steinchen, wo ich nicht weiß, was ich zuerst machen soll!« – oder in einer Art von Arbeits*euphorie*: »Die Entwürfe mache ich gleich am Wochenende, das wird eine tolle Sache, glaube ich!«

In beiden Fällen heißt das für ein Kind: Man kann sich nicht mit ihm befassen, leider, die Eltern sind, wie immer, *über*arbeitet!«

Wobei überarbeitete Mütter zumeist die eindrucksvollsten Arbeitsopfer abgeben, weil sie nicht nur *nach* der Arbeit erschöpft, sondern oft auch schon *während* der Arbeit genervt wirken:

»Wo, zum Teufel, ist jetzt schon wieder die Muskatnuß geblieben?? Und jetzt ist doch tatsächlich die Milch sauer; das hat mir gerade noch gefehlt!«

Oder auch: »Wer war an meinem Schreibcomputer? Wieso geht der Drucker plötzlich nicht mehr??«

Angesichts all dieser Vorbilder wird das aufmerksame Kind sehr schnell den stillen Entschluß fassen, diesem Moloch »Arbeit« möglichst konsequent aus dem Weg zu gehen. Wobei man nie im voraus weiß, was ein Kind (außer der Schularbeit) als »Arbeit« definieren wird …

»Mein Vater«, erinnerte sich Anita gleich, »hat meine Kinder früher immer richtiggehend schuften lassen, wenn sie zu ihm kamen. ›Ein Glück, daß ihr da seid‹, pflegte er auszurufen, und dann erläuterte er ihnen sofort, was er gerade für Pläne hatte. Mal mußte er einen Kaninchenstall bauen, mal die Küchenmöbel neu streichen und mal den Hausboden aufräumen. Und immer halfen ihm die Kinder ganz begeistert. Das hat mich damals richtig gewurmt, weil sie doch zu Hause so lahm waren!«

Mir wiederum fiel ein, mit welch unendlicher Mühe unsere

Dreijährige seinerzeit versucht hatte, sich eine Höhle zu bauen. Schwere Möbel hatte sie verschoben, Decken durch die Wohnung gezerrt, alles war ihr dauernd weggerutscht und in sich zusammengefallen, aber unverdrossen hatte sie weitergemacht und war am Ende so stolz auf ihre »Arbeit«, daß wir das verknäulte Endergebnis tatsächlich zwei Tage lang respektvoll umliefen.

»... und dann sang er auch noch bei der Arbeit«, ergänzte Anita träumerisch ihre Erinnerungen.

»Er war ja auch der Großvater, und Großeltern konnten schon immer vermitteln, daß Arbeit Spaß macht, oder?«

»Ja und?« fragte Anita. »Soll ich jetzt etwa einen Kaninchenstall bauen oder meine Küchenstühle grün streichen?«

»Aber singen könntest du wenigstens«, schlug ich vor, »meine Großmutter hat immer beim Abwaschen gesungen.«

Anita tippte sich an die Stirn: »Schönes Bild, wirklich. Ich setze mich vor die Geschirrspülmaschine und singe!«

Wir einigten uns dann darauf, daß alles davon abhängt, wie anregend man jeweils auf Enkelkinder wirkt, und daß man sie einfach noch mehr teilnehmen lassen sollte an jedweder Arbeit – die man dann allerdings mit sichtlichem Vergnügen tun müßte.

Und was die »Schularbeiten« angeht – also, neulich hab ich mich mal ganz still neben Julian gesetzt und hab angefangen, ein Kreuzworträtsel aus der Zeitung zu lösen. Auf Befragen hab ich munter gesagt: »Ich mach dasselbe wie du: an einer Aufgabe herumknobeln. Das macht nämlich Spaß!«

Der Blick, den mir Julian daraufhin zuwarf, war nicht ermutigend, da müßte ich lügen; und nach zwei Minuten schob er sein Rechenheft zur Seite und wollte lieber mit mir Rätsel raten; aber immerhin sind wir eine gute Stunde nebeneinander sitzen geblieben, ganz bei der Arbeit, und hatten am Ende beides fertig: die Rechenaufgaben und das Rätsel.

PS: Vor ein paar Tagen hat Anitas Enkel meinem Enkel erzählt, seine Oma hätte ihn beim Tortenbacken mitmachen lassen und sie hätte dabei laut gesungen …

Das hab ich dir doch gleich gesagt!

»Hast du mal überlegt«, fragte Karla wieder mal ohne jede Vorwarnung, »warum die Verantwortung einer Großmutter noch ungleich größer ist als die einer Mutter?«

»Nein«, sagte ich kurz und desinteressiert, aber Karla ließ sich nicht stoppen:

»Ich meine, wir haben doch einfach keine Entschuldigung mehr für Erziehungsfehler!«

»Was? Also, mir fallen da auf Anhieb jede Menge Entschuldigungen ein: schwache Nerven, altersbedingter Mangel an Unbekümmertheit, zunehmende Allergie gegen blöde Ausdrücke ...«

Karla unterbrach mich: »Kann ja sein, daß du nichts dazugelernt hast aus der Erziehung deiner eigenen Kinder, aber *ich* habe!«

»Sag bloß ...«

»Zum Beispiel ist es mir gestern gelungen, einen Satz zu unterdrücken, den ich mein Leben lang von meiner Mutter gehört und meinerseits bei meinen Kindern verschwenderisch eingesetzt habe!«

»Laß mich raten«, sagte ich und bot mehrere jener Sätzchen an, die ebenso automatisch wie folgenlos über unsere Lippen zu kommen pflegen: »Paß auf, daß du dich nicht so dreckig machst«, »Sei nicht so wild beim Ballspielen!« oder gar: »Um acht Uhr wird pünktlich das Licht ausgemacht!«

Aber Karla schüttelte nur milde lächelnd den Kopf und erzählte mir, was sie gerade mit Enkel Simon erlebt hatte. Dieser hatte es strikt abgelehnt, ein viele Strophen langes Gedicht rechtzeitig zu lernen.

»Es war nichts zu machen mit dem Bengel. Er wollte es partout erst morgens im Schulbus lernen, obwohl ich ihm erklärt habe, daß man in zwanzig Minuten nicht soviel Text behalten kann. Und natürlich, es kam wie prophezeit: Er hat sich eine Fünf eingehandelt!«

»Aha.«

»Aha, ja. Und da ist es mir doch tatsächlich gelungen, meinen Mund zu halten und *nicht* in die Worte auszubrechen: ›Das hab ich dir doch gleich gesagt!‹ Wie findest du das?«

»Bewundernswert«, gab ich zu, »aber andererseits: Wenn man nicht klüger werden würde, brauchte man nicht so alt zu werden.«

»Na, dann achte mal drauf, ob du auch schon klüger geworden bist«, sagte Karla und sah mich zweifelnd an.

Aber darauf brauche ich gar nicht besonders zu achten, denn das weiß ich längst: Natürlich bin ich klüger geworden! Niemals mehr zum Beispiel würde ich, angesichts einer in Scherben gegangenen Vase, eines umgekippten Milchtopfes oder einer bis auf den letzten Krümel geleerten Keksdose, in die empörte Frage ausbrechen: »Wer war das?« Weil ich mittlerweile begriffen habe, daß Schadensbeseitigung und Schadensvorbeugung wichtiger sind als die »Täter«-Feststellung. Und überhaupt rege ich mich kaum noch über Dinge auf, die »aus Versehen« passiert sind. Da ist allenfalls gemeinsames Jammern angesagt, aber doch kein Schimpfen, oder?

Ich hatte bald die Gelegenheit, meine charakterlichen Fortschritte zu überprüfen:

Eine Nachbarin war in akute Schwierigkeiten geraten, weil sie eine Kindergeburtstagsparty kurzfristig verlassen mußte: »Könnten Sie auf einen Sprung rüberkommen? Mein Mann sollte schon längst hier sein, ich weiß auch nicht, wo er bleibt; aber ich kann nicht länger auf ihn warten, ich muß die Eistorte abholen!«

Da befand ich mich also unversehens zwischen einem unübersichtlichen Haufen geburtstäglich gestimmter Schulanfänger, die für ein Schreibspiel noch zu klein, für ›Mariechen saß auf einem Stein‹ schon zu groß waren und eigentlich nur durch die Zimmer rennen und sich gegenseitig ärgern wollten!

Und da passierte es dann auch: Sie fegten eine große Schachtel vom Regal, aus der explosionsartig jede Menge von Nähgarnröllchen, Stecknadeln, Scheren und Knöpfen hervorschossen. Aber ich faßte mich schnell.

»Ach herrje«, sagte ich locker und ganz nach meiner Einsicht, daß es keinen Sinn machen kann, den Täter zu ermitteln, »so ein Pech! Da wollen wir mal ganz schnell alles wieder einsammeln!«

Niemand rührte sich; statt dessen ließ sich ein zartes Stimmchen vernehmen: »Das kann Felix alleine machen. Der war das!«

Ich blieb mild und freundlich und erläuterte in aller Kürze Sinn und Vorteil solidarischen Verhaltens. Es nutzte nichts. Alle stürmten kreischend davon. Auch Felix. Da überlegte ich es mir anders.

»Wenn ihr nicht sofort alle herkommt und alles ganz ordentlich wieder einräumt, kriegt keiner von euch auch nur einen einzigen Löffel von der Eistorte!« schrie ich. Und das funktionierte dann.

Nun ja – auch wenn man mit jedem Tag klüger wird, flexibel muß man natürlich trotzdem bleiben …

Helfen? Fehlanzeige!

»Sind deine auch so faul?« erkundigte sich Anita hoffnungsvoll. »Melinda stöhnt wie eine Schwerkranke, wenn sie mal drei Teller abtrocknen oder die Pfandflaschen zum Geschäft an der Ecke bringen soll. Meingott, was mußten Kinder früher alles tun, um ihren Eltern zu helfen!«

Das weiß man natürlich sowieso: »Früher« waren die Kinder folgsamer, bescheidener und hilfsbereiter. Sie holten in aller Frühe schon die Brötchen (wenn sie sie nicht sogar für ein paar Pfennige »austrugen« und anderen Leuten an die Türklinken hängten), sie holten die Kohlen aus dem Keller, wischten den Boden und erledigten jede Art von Einkäufen und Botengängen. Und sie taten das, wie man hört, ohne Gemaule oder Protestgeschrei.

Warum?

Weil es nicht anders ging. Das tägliche Leben vor zwei, drei Generationen (wir reden hier nicht von den reichen Leuten) war mühsam, körperlich anstrengend und bei steigender Kinderzahl zumeist äußerst armselig. Die Kinder merkten also schon sehr früh, daß ihre Hilfe notwendig und wichtig war. Und weil sie dabei oft an die Grenze ihrer kindlichen Kräfte gehen mußten, wird auch ein gewisser Stolz aufgekommen sein. Stolz auf Leistung und Tüchtigkeit...

»Vielleicht solltest du Melinda mal bitten, gemeinsam mit ihrem Bruder dein altes Buffet in den Keller zu schaffen, oder so was«, sagte ich etwas abwesend.

»Wie bitte?«

»Julian und Nikolai muß man mindestens dreimal daran erinnern, daß sie den Müll zum zehn Meter entfernten Container bringen sollen, aber neulich haben sie einen Heimtrainer vom knapp einen Kilometer entfernten Sperrmüll nach Hause geschleppt, weil sie mitgekriegt hatten, daß man mir ein bißchen regelmäßiges Heimtraining empfohlen hatte!« berichtete ich. »Das Ding war übrigens völlig intakt und wie neu, aber unglaublich schwer, und die Kinder waren total geschafft ...«

»... aber stolz und glücklich«, ergänzte Anita.

Ich ließ mich durch den leicht spöttischen Unterton gar nicht beirren.

»Klar. Weil das Unternehmen *schwer* war und von daher geeignet, Lob und Bewunderung auszulösen. Beim Staubwischen ist das eher unwahrscheinlich.«

»So gesehen ...«, sagte Anita gedehnt, »so gesehen könntest du recht haben. Ich hab früher auch lieber beim Umzug als beim Abwaschen geholfen. – Mein altes Buffet hätte ich allerdings weiterhin gern im Wohnzimmer und nicht im Keller. Aber vielleicht probiere ich's mal wieder mit dem ›Tom-Sawyer-Effekt‹!«

Den haben wir beide schon öfter getestet. Sie wissen schon: Man fängt eine eigentlich lästige Arbeit an und gebärdet sich dabei so begeistert, daß in Kürze jedes anwesende Kind ankommen und betteln wird: »Laß mich auch mal!« Auf diese Weise wurde Toms Zaun von seinen Freunden gestrichen, und auf diese Weise wurde auch der Garten meines Großvaters von seinen Enkeln umgegraben. Wir wollten plötzlich alle ganz wahnsinnig gern mit schweren Spaten schuften!

Wie normalerweise eben alle Kinder wahnsinnig gern ganz besondere Sachen machen und dafür ganz besonders gelobt werden wollen.

»Beim nächsten Besuch werde ich mich mitten zwischen all die Schuhpaare setzen, die mal wieder richtig geputzt werden müßten«, sagte Anita grinsend, »mal sehen, wer da alles gelaufen kommt.«

»Wenn keiner kommt, liegt es nur daran, daß du nicht richtig glücklich aussiehst«, behauptete ich.

Und dann fiel mir noch eine Geschichte ein: Auf Befragen hatte Nikolai mir gestanden, daß er in der Schule gerade eine 6 bekommen hätte, und das sei so passiert: Er hätte ein bißchen gestört, und da hätte die Lehrerin gesagt, daß er jetzt einen »Strich« bekommen würde.

»Und da hab ich gesagt: ›Kann ich zwei Striche haben?‹, und da hat mir die Lehrerin eine 6 gegeben.«

Nikolai erzählte das ganz sachlich, nur ich war richtig empört über die Humorlosigkeit dieser Lehrerin und sprach später mit meiner Tochter über den »Fall«. Und da stellte sich heraus: Nikolai wollte gar keinen Witz machen, sondern er wollte wirklich gern *zwei* Striche haben. Er sammelt nämlich Striche, weil man bei fünf Strichen zu irgendeiner besonderen Arbeit eingeteilt wird, und er wollte so gern den Schulhof fegen!

»Was sagst du dazu?!« fragte ich Anita.

»Schade, daß du keine Hauswartsstelle mit Hinterhof hast«, sagte Anita. »Aber vielleicht fegt er ja auch deine Küche.«

»Darüber reden wir, wenn Melinda dir beim glücklichen Schuhputzen geholfen hat«, sagte ich.

Vorbilder

»Hast du schon mal darüber nachgedacht«, fing Karla neulich eines jener tiefgründigen Gespräche an, die man so schwer abbrechen, abkürzen oder überhaupt vermeiden kann, »ich meine, hast du schon mal überlegt, was am Großmuttersein besonders anstrengend ist?«

»Nein«, sagte ich, »hab ich nicht. Es ist sowieso alles anstrengend genug.«

»Du solltest trotzdem darüber nachdenken«, beharrte Karla, »denn ich meine natürlich nicht die Anstrengung, die es einen kostet, ein Kind abends ins Bett zu kriegen, oder...«

»... oder morgens aus dem Bett rauszukriegen«, ergänzte ich schnell und fügte noch hinzu, daß ich es ebenfalls als sehr anstrengend empfände, einem Kind den Erwerb eines absolut blöden Comic-Heftes auszureden, oder einer täuschend echt aussehenden Pistole, auch wenn diese nur mit Wasser geladen ist. Genaugenommen ist das ganze Leben als solches anstrengend, was soll es also?

»Gib dir keine Mühe«, sagte Karla gelassen, »ich erzähl dir sowieso, worüber ich nachgedacht habe. Also: es ist so anstrengend mit den Enkeln, weil wir keine Ausrede haben!«

»Ich versteh kein Wort«, sagte ich wahrheitsgemäß.

»Dann überleg doch mal: Erzieher müssen vor allem Vorbild sein, das ist ja nichts Neues; aber als Großmutter hast du keine Ausrede mehr, warum du es nicht jederzeit sein kannst!«

»Wenn ich eine Ausrede dafür brauche, warum auf meinem Schreibtisch keine erkennbare Ordnung herrscht oder warum mein Bett nicht gemacht ist, dann werde ich schon eine finden, verlaß dich drauf!«

Karla wurde langsam ungeduldig.

»Es geht nicht um Äußerlichkeiten. Es geht darum, nicht ungerecht zu sein, nicht taktlos, nicht unbeherrscht zum Beispiel. Als Mutter konntest du dir jeden Fehler leisten, weil kein Mensch 24 Stunden am Tag sein Verhalten unter Kontrolle haben kann. Mütter sind immer mal wieder überfordert, erschöpft und entsprechend gereizt ...«

»... bin ich alles auch!«

»Na klar! Und trotzig bist du auch noch; aber es ist ja glücklicherweise kein Kind in der Nähe.«

Um es kurz zu machen: Es gelang mir schließlich doch noch, dieses Gespräch zu boykottieren, aber es gelang mir nicht, es zu vergessen ...

Wie war das doch neulich gewesen?

Julian, gerade in einen neuen Wohnbezirk umgezogen, hatte sich innerhalb von 24 Stunden einen Überblick über die Kinder der Nachbarschaft verschafft: Der Junge mit der grünen Hose, erfuhr ich, sei voll blöd, das Mädchen mit den hellen Haaren echt zickig, aber der Max sei schon sein Freund und der Dennis ebenfalls.

Ich wies Julian mit aller Behutsamkeit darauf hin, daß man sich niemals ein so schnelles Urteil über einen Menschen bilden dürfe, weil jeder Mensch viele unterschiedliche Eigenschaften habe, die man erst nach und nach herausfinden könne. Und was bekam ich zu hören?

»Machst du doch auch – das mit dem Urteil! Wie wir am Sonntag auf dem Spielplatz waren, hast du gesagt, ›diese Mutter ist ja wirklich das Letzte!‹ – und die hast du überhaupt nicht gekannt!«

Es ist immer wieder dasselbe: Kinder haben stets da ein perfektes Gedächtnis, wo man gut darauf verzichten könnte.

»Nobody is perfect«, murmelte ich vor mich hin und erklärte dann schlicht auf gut deutsch, daß ich auch nicht immer ein Vorbild sein kann.

Obwohl – ich bin immer noch überzeugt davon, daß diese besagte Mutter eine pädagogische Katastrophe war, denn sie schnauzte ihr freundliches Kleinkind regelrecht an, weil es seine Sandförmchen gleichmäßig auf alle umsitzenden Kinder verteilt hatte: »Das sind *deine* Förmchen«, hatte sie ihm bedeutet, »die darfst du nicht weggeben!« Wohin soll denn so etwas führen?

Dennoch hätte ich in Julians Gegenwart natürlich meinen Mund halten sollen, und vielleicht hatte ja auch diese Mutter ihre guten Seiten. Unmöglich ist nichts auf dieser Welt.

Was mich selbst angeht: Meine Neigung zu spontanen Unmutsäußerungen ist nicht zu leugnen, und ich sehe auch nicht ein, warum ich mir diese Art von Einmischung grundsätzlich abgewöhnen sollte. Es kann doch ganz nützlich sein, sich nicht nur im stillen, sondern auch offen und öffentlich über irgendeinen Mißstand aufzuregen, oder? Allerdings muß der Adressat jeweils stimmen – und Julian war natürlich der absolut falsche Ansprechpartner, das muß ich zugeben.

Ich sehe schon: Nicht nur zwischen Eltern und Kindern gibt es einen erzieherischen Rückkoppelungseffekt, sondern auch zwischen Großeltern und Enkeln.

Aber das kann ja nicht schaden …

Weihnachtliche Geheimnisse

»Ich habe Melinda gefragt, was für sie das Schönste an der Weihnachtszeit ist«, sagte Anita und wirkte gleichermaßen empört wie enttäuscht, »und was glaubst du, hat sie geantwortet?«

»Das Schreiben des Wunschzettels!«

»Mitnichten.«

»Die Marzipankartoffeln! Der Weihnachtsmann! Die fieberhafte Spannung vor der Bescherung!«

Ich merkte, daß ich meine eigenen Weihnachtserinnerungen aufzählte, aber das war es alles nicht. Nein, was Melinda an der Weihnachtszeit so liebte, war die Tatsache, daß sie jede Auskunft über ihr Tun und Treiben mit dem Hinweis auf ein weihnachtliches Geheimnis verweigern konnte.

O-Ton Melinda: »Da kann man einfach weggehen und nicht sagen, wohin! Weil alles Weihnachtsgeheimnis ist!«

Als kleiner Höhepunkt dieser zwischenzeitlichen Selbstbestimmtheit muß sich ein Besuch bei Melindas Freundin Anna dargestellt haben, die im sorgfältig abgeschlossenen Kinderzimmer mit einer Überraschung aufwartete: einem ganzen Stapel von alten Fotoalben ihrer Mutter! Mit diesem Fund hatten sich die Mädchen stundenlang im Kinderzimmer eingeschlossen, um das voreheliche Treiben der Mutter anhand der zahlreich abgebildeten männlichen Begleiter kritisch zu rekonstruieren. Nicht unbedingt im Sinne der Betroffenen darf man vermuten, aber die Mädchen waren begeistert: »Keiner hat uns gestört, weil wir wieder von Weihnachtsgeheimnissen geredet haben!«

»Das ist also der absolute Knüller der Weihnachtszeit: die Chance, unerlaubte Dinge zu tun!« schloß Anita ihre Schilderung. »Wie findest du das?«

»Vielleicht brauchen die Kinder dringend ein paar Geheimnisse, weil im übrigen Jahr alles kontrolliert und aus ihnen herausgefragt wird, wie?« fand ich.

Und sofort fielen mir die modernen Abhöranlagen fürs Kinderzimmer ein, die ich als ausgesprochen hinterhältig empfinde, sofern die Kinder schon sprechen können. Sollen die Eltern doch den Fernseher leiser stellen, damit sie mit eigenen Ohren hören können, wenn das Kind sie ruft! Was es hingegen so vor sich hin reden mag, geht sie nichts an.

Laut sagte ich nur: »Heimlichkeiten hat man, wenn man keine Geheimnisse haben darf, und Kinder brauchen Geheimnisse, um sich Eigenständigkeit zu beweisen. Wenn sie noch sehr klein sind, plaudern sie ja – wie du weißt – jedes Geheimnis sofort aus!«

Anita mußte grinsen, denn sie kennt die Geschichte:

Die große Weihnachtsüberraschung für mich war seinerzeit ein himmelblauer Wellensittich, bei der Oma bereits stationiert. Mein Bruder entdeckte ihn, wurde zu absoluter Verschwiegenheit verpflichtet und verplapperte sich dennoch.

»Der ist ja so süß, der Wellensittich!« schwärmte er mir vor, erschrak und beendete den Satz geistesgegenwärtig mit den Worten, »aber den kriegst du leider nicht!«

»Na, wunderbar«, kommentierte Anita meine Überlegungen. »Geheimnisse zu haben ist also ein Zeichen von Reife, oder was?«

»Unter anderem«, sagte ich, denn das ist ja nicht die ganze Wahrheit. Natürlich ist es ein schönes Gefühl, mehr zu wissen als andere; aber nicht weniger reizvoll ist es auch, die Geheimnisse anderer aufzuspüren. Ganze Kinderbücher leben davon, daß ein Geheimnis entdeckt, ein Versteck gefunden, ein Zusammenhang erkannt wird. Wenn ich »Kinderbücher« sage, heißt das nur, daß das Spiel mit Geheimnissen eben schon sehr früh anfängt. Wir wissen alle, es geht weiter und hört nie auf.

In der Weihnachtszeit allerdings vermehren sich die üblichen Geheimnisse wie die Kaninchen. Sie sind überall, verkriechen sich in Schubladen, verstecken sich in Kleiderschränken und Bodenecken, werden sorgfältig bewahrt und eisern gehütet und zeigen plötzlich keine Neigung mehr zu flüsternder Weiterverbreitung. Es wird auch nicht mit ihnen gehandelt, nach dem Motto: »Wenn du mir deinen Radiergummi schenkst, sag ich dir ein Geheimnis.«

Wer ein Geheimnis hat oder eins weiß, behält es für sich; bis zum 24. abends.

Natürlich kennt man auch Geschichten von besonders neugierigen Kindern, die versuchen, abgeschlossene Besenkammern zu öffnen oder mütterliche Wäscheschränke in ihren tiefsten Tiefen nach Fremdkörpern abzutasten. Aber man kennt auch die späteren Eingeständnisse von Reue und Bedauern. Hat man denn etwas gewonnen, wenn man schon vorher weiß, was der Weihnachtsmann aus dem Sack holen wird?

Ich erinnere mich noch gut an jenen Vorweihnachtstag, an dem unsere Mutter aufgeregt durch die ganze Wohnung lief, Schubladen aufriß und wieder zurückschob, Kästchen öffnete und wieder zuklappte, mit den Händen in Mantel- und Jackentaschen wühlte, Mehl- und Haferflockenbüchsen in der Speisekammer hektisch umstellte, Bücher im Regal hin- und herschob – um schließlich erschöpft auf einen Stuhl zu sinken und mit Grabesstimme zu verkünden: »Kinder, Weihnachten fällt diesmal aus, ich kann den Schlüssel zur Kammer nicht finden!«

Wir lachten laut und lieblos, denn erstens waren wir sicher, daß die Kammertür sich auch ohne Schlüssel würde öffnen lassen, und zweitens fanden wir, daß es meiner Mutter ganz recht geschah, daß sie jetzt ein Problem hatte, denn sie hatte eine viel zu schlechte Meinung von uns! Niemals würden wir versuchen, ein Weihnachtsgeheimnis vorzeitig zu lüften, niemals – denn das hatten wir schon hinter uns!

Zwei Jahre zuvor hatten wir nach akribischem Suchen eine Jacke und einen Pullover entdeckt, die uns beide nicht gefielen, dazu Bücher von Onkel Heinz über ›Wandern im Herbst‹ und ›Rechnen leichtgemacht‹. »Soll ich vielleicht in einem kratzigen Pullover durch den Wald wandern und dabei Kopfrechnen üben?«, hatte mein Bruder wütend gesagt, und beide hatten wir nicht die geringste Lust mehr, Gedichte unterm Weihnachtsbaum aufzusagen oder ›O Tannenbaum‹ zu singen. Obwohl wir uns denken konnten, daß es noch andere Geschenke geben würde – wir hatten uns einfach die Stimmung versaut!

Der erst siebenjährige Nikolai verhielt sich in dieser Hinsicht sehr viel klüger: Er sollte zu Weihnachten sein heißgewünschtes eigenes Aquarium bekommen, aber das sollte natürlich nicht den trostlosen Anblick lauter Einzelteile bieten (leeres Aquarium plus Tüten mit Kies und Wasserpflanzen, Kartons mit Motor und Beleuchtung, und Fische in Einweckgläsern!), sondern in perfektem Glanze erstrahlen. Aber schon ein mittelgroßes wassergefülltes Aquarium ist nicht mehr zu transportieren.

»Es kommt genau an die Stelle in Nikolais Zimmer, wo es stehen soll«, entschied seine Mutter, schickte ihren Sohn zu Freunden und baute einen riesigen Berg aus Decken, Kissen,

Pappe und Skistöcken um das fertig eingerichtete Aquarium herum. Das Ganze sah aus, als hätte ein Showmaster seine Spielkandidaten aufgefordert, binnen einer Minute eine Notunterkunft für zwei Personen herzustellen.

»Genial«, lobte ich, »aber wenn man ganz still ist, hört man trotzdem die Motorpumpe summen.« Das könne sie nun leider nicht ändern, befand meine Tochter; und nun also lebte und schlief Nikolai die letzten zwei Tage vor Weihnachten eineinhalb Meter entfernt von dem großen Weihnachtsgeheimnis!

»Irgendwas summt da ein bißchen, hörst du?« teilte er mir mit, als ich ihn besuchte. »Es klingt ein bißchen wie die Pumpe von Julians Aquarium, aber vielleicht ist es auch ganz was anderes!«

»Es kann auch ein Geräusch aus der Wohnung über euch sein«, meinte ich, und Nikolai nickte.

»Vielleicht sind auch Skier drunter, oder?« mutmaßte er dann, und plötzlich wurde er ganz energisch und sagte laut: »Also, wenn Julian mir verrät, daß ich ein Aquarium bekomme, dann verrate ich ihm auch, daß er ein Mikroskop kriegt!«

Julian seinerseits hat mir neulich folgende Frage gestellt:

»Nikolai sagt, er hat ein Geheimnis; aber das interessiert mich überhaupt nicht! Und dann ist es doch gar kein Geheimnis, oder?«

»Könnte man so sehen«, sagte ich nur, denn der Umgang mit Geheimnissen scheint mir doch eine sehr individuelle Sache zu sein.

Glück muß man haben

Julians Klasse hat Drachen gebastelt, und ich ahnte schon, was nun auf mich zukommen würde. Ich brauchte nicht lange zu warten: »Gehst du mit uns zum Drachensteigen?!«

Meine Erfahrungen mit Drachen sind entmutigend. In meiner Kindheit findet sich keine besonders eindrucksvolle Erinnerung, denn von unserer Stadtwohnung aus mußte man zu solchen Unternehmungen »rausfahren« und war abhängig vom Zeitplan der Eltern und deren Einschätzung vom passenden Wetter. Kam es wirklich mal zum großen Ausflug, endete die Geschichte fast immer mit dem vorzeitigen Ende des teuren Drachens durch Sturzflug in den Acker oder Notlandung in einzeln stehenden Bäumen mit tückisch ausgebreiteten Ästen, und mein ungeduldiger Vater, der Mißerfolg schlecht ertragen konnte, drängte dann zur Heimkehr: »Es reicht! Das ist ja eine fürchterliche Murkserei mit euch!«

Als die eigenen Töchter das Drachensteigen entdeckten, lebten wir in der Nähe einer außerordentlich geeignet erscheinenden großen Wiese und steuerten sie immer wieder frohgemut an, weil wir nicht glauben konnten, daß es ausgerechnet auf dieser Wiese nie einen vernünftigen Wind gab. Offenbar lag sie zu geschützt in einer kleinen Senke, und unsere ganze Rennerei hatte immer nur zur Folge, daß wir den kurz über dem Boden herumtorkelnden Drachen eben hinter uns herzogen. Da wir ein paar Optimisten in der Familie haben, betrieben wir das Spielchen jeweils bis kurz vor dem Atemstillstand oder bis zur Selbstauflösung des meist schnell und vermeintlich genial zusammengeklebten Flugobjekts.

Und jetzt sollte das Spielchen noch mal von vorne losgehen?

»Ich bin wirklich ganz schlecht im Umgang mit Drachen!« erklärte ich wahrheitsgemäß, »und zum Rennen bin ich auch zu alt, also – das wird nichts!«

»Aber du brauchst ja bloß mit uns zur Wiese zu fahren, rennen tun wir schon selber!«

Halb überredet, unterzog ich den Drachen noch einem kritischen Blick, und leider gab es nichts zu beanstanden – Julian bastelt ordentlich. Also dann ...

Was ich nicht bedacht hatte: Man sollte nie zwei kleine Jungen und nur einen Drachen dabeihaben, denn nun wollte jeder der beiden Schnur und Initiative in der Hand behalten, und keiner wollte bloß den Drachen so lange hochhalten, bis der andere »Loslassen!« kreischen und dem Drachen in die Lüfte verhelfen würde.

Mit den »Lüften« wurde es allerdings nichts. Irgendwie schien auch hier der Wind wieder ungünstig zu wehen, das Entschweben nach oben klappte immer nur bis auf allenfalls fünf Meter Höhe, dann folgte der Absturz, und Julian, der Bastler, beugte sich wütend und kummervoll über den vermeintlich Zerfetzten. Aber der Drachen hielt stand. Meine Nerven weniger.

Entgegen jeder Absicht hörte ich mich plötzlich sagen: »Schluß mit dem Gezanke und Gekreische, jetzt gebt ihn mir mal!«

Ich lehnte jede Hilfe ab, deponierte den Drachen in Flugposition auf der Wiese, ging ein paar Meter zurück und straffte mit einem Ruck die Schnur, als der nächste Windstoß kam. Zu meiner größten Verblüffung erhob sich der Drachen zielstrebig in den Himmel, und ich hatte nichts weiter zu tun, als ein bißchen mit der Schnur herumzuspielen, anzuziehen, nachzulassen – und er flog höher und höher.

Die Kinder verfolgten ihn ungläubig und stellten dann geradezu empört fest: »Du bist überhaupt nicht zu alt für so was, du hattest bloß keine Lust!«

Wir guckten dem Drachen so lange nach, bis uns der Nacken weh tat, dann holten wir ihn runter und fuhren nach Hause.

Am Abend rief mich Karla an: »Diese Enkel machen mich wahnsinnig! Es sei so herrlicher Wind, behaupten sie, und ich soll mit ihnen auf irgendeinen alten Acker fahren und ihnen zeigen, wie sie ihr selbstgebasteltes Ungetüm von einem Drachen in die Luft kriegen. Da blamier ich mich doch bloß!«

»Oder du wirst die Drachenkönigin des Jahres«, sagte ich und erklärte ihr, wie sie sich auf den rettenden Windstoß vorbereiten müsse.

»Und wenn der überhaupt nicht kommt, dieser Windstoß? Ich verlaß mich doch nicht auf so einen Glücksfall!«

»Auf was sonst?« sagte ich – und natürlich weiß sie das selbst:

Im erfolgreichen Umgang mit Kindern ist man immer auch auf ein bißchen Glück angewiesen. Genau wie im übrigen Leben.

Die unhöflichen Kinder

»Kannst du dich noch erinnern«, fragte mich Anita, »daß kleinere Kinder früher im Bus oder in der U-Bahn, wenn es voll wurde, immer bei ihren Müttern oder Vätern auf dem Schoß saßen? Weißt du's noch?«

Natürlich weiß ich das noch. Kleinkinder wurden sofort seitlich zwischen Taschen und Tüten auf den Schoß gezerrt, für Ältere hieß es nur kurz: »Komm, steh auf«, und das wohlerzogene Kind machte seinen Sitzplatz für einen Erwachsenen frei. Das weniger wohlerzogene im übrigen auch, dafür sorgten im Zweifelsfall schon die Mitreisenden. (»Siehst du nicht, daß die Dame keinen Platz hat?«) Der Erwachsene, dem das Kind den Platz quasi freigehalten hatte, pflegte sich zu bedanken, und es kam auch schon mal vor, daß er sagte: »Laß mal, ich fahr nur zwei Stationen. Bleib ruhig sitzen.« Aber das Sitzenbleiben dauerte nie lange, denn der nächste stehende Erwachsene war meistens schon in Sicht ...

»Wieso fragst du?« erkundigte ich mich.

»Weil ich heute mal wieder U-Bahn gefahren bin. Und da lümmelten sich ein paar Kinder auf der ganzen Breite einer Bank herum, und zwei ältere Frauen und ein Mann standen vor ihnen im Gang, starrten vor sich hin und sagten kein Wort!«

»Und du? Was hast du gesagt?«

»Nichts. Ich wollte mal sehen, was passiert, wenn ich mich nicht einmische!«

»Muß ja eine ganz neue Erfahrung gewesen sein«, grinste ich. »Und? Was passierte?«

»Eben gar nichts. Die standen alle noch, als ich ausstieg. Wie hypnotisiert! Die haben sich einfach nicht getraut, ein Wort zu sagen!«

Das, in der Tat, scheint es derzeit häufig zu geben: daß Erwachsene nicht mehr wissen, wie sie mit fremden Kindern reden sollen; zumal, wenn diese ein bißchen keß und unerschrocken wirken. Vermutlich liegt das daran, daß Erwachsene eigentlich immer noch erwarten, daß Kinder bescheiden und vor allem »höflich« sind. Kinder sind aber von Natur aus nicht höflich. Höflichkeit setzt voraus, daß man stets aufmerksam auf die Bedürfnisse anderer achtet, und Kinder sind rund um die Uhr mit sich selbst und ihren eigenen Wünschen und Bedürfnissen beschäftigt!

Innerhalb dieser Vollbeschäftigung allerdings sind sie freundlich und nett zu allen, die ihnen freundlich und nett entgegentreten. Die meisten jedenfalls.

»Ich erzähl dir mal«, sagte ich, »was ich neulich erlebt habe: Vor einer langen Treppe zum Bahnsteig schickt sich eine junge Frau gerade an, ihren Kinderwagen Stufe für Stufe nach oben zu ruckeln. An ihr vorbei laufen ständig Menschen jeden Alters, die keinen Blick zur Seite tun; die junge Frau ihrerseits macht nicht den leisesten Versuch, Blickkontakt mit jemandem aufzunehmen. Auf der dritten Stufe spreche ich einen vielleicht Dreizehnjährigen locker an: ›Ach, wärst du wohl so nett ...? Du siehst ja ...‹ – ›Klar doch!‹ sagt der Junge, ruft seinen Freund, schiebt die Mutter beiseite: ›Das machen wir schon‹, und die beiden tragen den Kinderwagen geschickt und behutsam die Treppe rauf. – Waren doch nette Kinder, oder?«

»Na gut«, sagte Anita, »aber warum muß man sie erst mit der Nase auf alles stoßen?«

»Weil man sie (gottlob) nicht auf formale Höflichkeit dressiert hat, und weil ihnen (leider) die Vorbilder fehlen. Die meisten Erwachsenen werden ja auch erst hilfreich und gut, wenn man sie anschubst, oder?«

Und weil Anita nicht gleich antwortete, schickte ich noch schnell meine häufigen Erfahrungen an den Kassen der Supermärkte hinterher: Lange Schlange, vollgepackte Einkaufswagen, dazwischen ein Kind mit einer Tüte Milch in der Hand. (Man hört richtig, wie die Mutter zu ihm gesagt hat: »Geh doch mal eben schnell und hol noch einen Liter Milch!«) Das Kind wartet ergeben. Und jetzt gibt es die berühmten zwei Möglichkeiten: Entweder die Erwachsenen sind freundlich und schieben den kleinen Milchholer gleich durch an die Kasse, oder alle gucken nur stur vor sich hin und lassen das Kind die Abfertigung von sieben Großeinkäufen abwarten! Das eine wie das andere wird ein Kind sich merken.

»Mag sein«, räumte Anita ein, »aber wie bitte willst du fremde Erwachsene dazu bringen, positive Vorbilder für alle Kinder dieser Welt zu sein?«

Das weiß ich nun auch nicht, und daher beschränke ich mich auf mein eigenes Umfeld.

»Also, hört mal zu!« sagte ich zu den Enkeln. »Wenn ihr irgendwann mal allein mit der Stadtbahn fahrt und ihr sitzt da ganz gemütlich, und vor euch stehen Erwachsene, was macht ihr da?« – Stille. – »Dann steht ihr doch auf, oder?«

»Warum?« sagte Nikolai interessiert, und Julian überlegte: »Damit die nicht auf uns rauffallen, wenn einer die Notbremse zieht?«

»Oder meinst du«, sagte Nikolai eifrig, »wir sollen weglaufen, weil das vielleicht böse Leute sind?«

»Nein!! Ihr sollt aufstehen, um älteren Menschen den Platz anzubieten. Weil die nämlich weniger gut stehen können als Kinder!«

»O. K.«, sagte Julian gelassen, »dann stehen wir eben auf. Deswegen brauchst du doch nicht so zu schreien.«

»Eben«, unterstützte Nikolai seinen Bruder, und dann fiel ihm noch etwas ein: »Fahr doch mal mit uns Stadtbahn, ganz lange! Dann kannst du gleich sehen, wie wir aufstehen!«

Na, wußte ich doch, daß das wieder an mir hängenbleibt. Und überhaupt, was mache ich mit den Kindern für alberne theoretische Übungen? In der Praxis sind sie ja vielleicht viel besser. Und haben sie nicht neulich alle beide vor einer Frau, die mit zwei Taschen in den Händen aus dem Kaufhaus wollte, die Tür weit aufgerissen? Und bieten sie meiner Nachbarin nicht immer ganz von allein an, mit ihrem Dackel spazierenzugehen? Natürlich macht ihnen das auch Spaß, aber freundlich sind sie trotzdem, und ich werde doch nicht anfangen, sie zu dressieren!

Das muß ich Anita bei Gelegenheit mal sagen …

Der spinnt doch, der Junge!

»Würdest du sagen«, erkundigte sich Karla etwas zaghaft, »daß phantasievolle, kreative, wache, kontaktfreudige Kinder zwangsläufig dazu neigen, Dinge zu erzählen, die gar nicht stattgefunden haben?«

»Würdest du sagen«, fragte ich amüsiert zurück, »daß liebende, besorgte, einfühlsame, ratlose Großmütter unausbleiblich dazu neigen, einen simplen Tatbestand so blumenreich zu umschreiben, daß man ihn kaum noch herausfinden kann?« Und da Karla nicht sofort antwortete, fügte ich schnell hinzu: »Wer also spinnt? Oliver oder Simon?«

»Der Kleine«, bekannte Karla, »sobald er dir etwas erzählt, mußt du angestrengt überlegen, ob das wohl stimmt oder nicht!«

»Zum Beispiel, wenn du ihn fragst, wie es in der Schule war?«

Karla stutzte. »Könnte sein, ja ...«

»Dann will er dir vielleicht nur eine hübsche Geschichte bieten – auch wenn er gar nichts erlebt hat. Was erzählt er denn so?«

»Gestern hat er mir erzählt, er hätte gesehen, wie ein ›böser Mann‹ einen kleinen Jungen umgeschubst und ihm den Lutscher weggenommen hätte, und vorige Woche hat er mir einen spektakulären Feuerwehreinsatz zur Rettung eines Meerschweinchens geschildert!«

Ich mußte lachen.

»Das sind doch herrliche Geschichten! Amüsierlich, aber so unwahrscheinlich, daß man garantiert nicht auf sie hereinfällt! Was willst du mehr?«

»Ich will einfach ... das heißt, ich erwarte immer noch, daß ... also, es ist doch nicht so abwegig, zu erwarten, daß Kinder nicht schwindeln, oder?«

»Würde Simon abstreiten, eine deiner Porzellanfigürchen kaputtgemacht zu haben, wenn es denn passiert wäre?«

»Kaum«, vermutete Karla, »er hat ja auch nicht bestritten, meinen Lieblingsfüller in den Toaster gesteckt zu haben; obwohl es noch mehrere Verdächtige gab!«

Ich befand, daß sich das doch sehr gut anhörte: Keine Horror-Lügengeschichten, um sich wichtig zu machen, kein Abwälzen von Schuld auf andere, und auch keine denunziatorischen Unwahrheiten (»Max raucht und haut seine Schwester!«), wie mir Karla ausdrücklich versicherte.

Und wir wollen uns doch nicht wünschen, daß Kinder, die schon zur Schule gehen, immer noch allen Menschen die Wahrheit ins Gesicht sagen?! Die Zeiten, in denen wir befürchten mußten, daß unser herziges Kleinkind in Bus oder Straßenbahn ohne Vorwarnung den Mund auftun und den aufhorchenden Umsitzenden mitteilen würde, daß jener Mann einen ganz schiefen Mund und diese Tante ein furchtbar schrumpliges Gesicht habe – diese Zeiten sind gottlob nach wenigen Jahren vorbei. Schon von Siebenjährigen können wir erwarten, daß sie sich auch dann freundlich für das Geburtstagsgeschenk eines Mitschülers bedanken, wenn es ihnen nicht gefällt.

Und überhaupt: Feinfühligkeit ist eine bessere und wichtigere Eigenschaft als kalte Wahrheitsliebe, oder?

»Schon«, gab Karla zu, »aber warum erzählt er mir, daß die Feuerwehr mit drei Einsatzwagen und einer riesigen Leiter ein Meerschweinchen von einem Balkon im 4. Stock geholt hat?«

»Keine Ahnung«, sagte ich wahrheitsgemäß, »doch darauf

kommt's ja auch gar nicht an. Hauptsache, er benutzt seine Phantasie auch dazu, aus Rücksichtnahme zu schwindeln!«

Und ich erzählte ihr eine Geschichte, die eine Freundin von mir dazu brachte, ihre ruppige, freche zehnjährige Enkelin Sonja ein für allemal in ihr Herz zu schließen:

Sonja und ihre wenig jüngere Schwester Paula hatten sich schon seit Wochen auf ein großes Schrebergartenfest gefreut, aber Paula wurde krank und mußte zu Haus bleiben. Als Sonja vom Fest zurückkam – angeregt, strahlend, begeistert! –, wurde sie sofort ans Krankenbett der Schwester zitiert.

»Wie war's?«

»Oooch«, sagte die ruppige, freche Sonja da mit einem perfekt gelangweilten Gesichtsausdruck, »war total öde, echt. Blöde Musik, blöde Leute, scheußlicher Kuchen, Himbeersaft wie für Babys und lauter affige Jungens, die bloß angegeben haben. Totaler Flop!«

Paula sank getröstet in die Kissen zurück ...

... und Karla sah mich mißtrauisch an und fragte: »Stimmt die Geschichte oder spinnst du jetzt auch?«

Ich hab nicht geantwortet, sondern ihr gleich jene Geschichte angeboten, die ich vor kurzem mit Nikolai erlebt habe:

»In der Schule haben wir Kopfläuse«, hatte er ganz wichtig erzählt, »alle Kinder sind heute untersucht worden. Ich hab auch Läuse!«

Auf meine ungläubigen Nachfragen reagierte er mit sachlicher Wiederholung seiner Behauptung, auf meine Ankündigung einer sofortigen unangenehmen Läusevernichtungs-Prozedur mit stoischem Gleichmut. Er begleitete mich ernst und gelassen bis zum Eingang der Apotheke, wo ich die nötigen Zutaten kaufen wollte – und erst dann erschien dieses ganz unwiderstehliche Grinsen auf seinem Gesicht, und er sagte vorwurfsvoll: »Hast du wirklich geglaubt, ich habe Läuse?«

»Es gibt eben auch Kinder«, sagte ich abschließend zu Karla, »die stecken einfach voller Geschichten, und die müssen sie irgendwie loswerden!«

»Und wieso gerade bei uns?«

»Weil wir mehr Zeit für lange, phantasievolle Geschichten haben als die meisten anderen Menschen ihrer Umgebung, deshalb!«

Karla wirkte getröstet.

»Ich dachte schon, er hält mich für besonders blöd«, sagte sie, aber da liegt sie natürlich völlig falsch.

Kein Drama bitte!

»Also bitte, Mammi«, beschwor mich meine Tochter am Telefon, »mach kein Theater, wenn Julian dich mit einem Gewehr besucht, er hat es geschenkt gekriegt, und es bringt nichts, wenn ich es umgehend in den Müll schmeiße. Mach du das also auch nicht, nein?!«

»Habe ich schon jemals in den Müll geschmissen, woran das Herz deiner Kinder hing?« fragte ich zurück und gab mich etwas beleidigt, aber meine Tochter blieb unbeeindruckt.

»Ach komm«, sagte sie, »wär doch gut möglich in diesem Fall. Also, sei so freundlich und mach kein Drama draus!«

Ich hab dann auch kein Drama daraus gemacht; obwohl ich dem Menschen, der Julian das Gewehr geschenkt hat, noch irgendwann eine ziemlich dramatische Szene liefern werde ...

Als Julian mir dann gleich nach der Begrüßung mit triumphierendem Blick das Gewehr vor die Nase hielt – weil er natürlich genau weiß, daß ich sehr heftig auf alles reagiere, was knallt und kracht oder auch nur danach aussieht, als könnte es knallen und krachen –, sagte ich nur kurz und knapp: »Ich dachte, du hättest schon begriffen, daß Waffen kein Spielzeug sind« und stellte das Gewehr in den Schirmständer. Und bevor Julian zu Erklärungen oder Protesten ansetzen konnte, bemühte ich mich um einen ganz besonders liebreizenden Ausdruck in Mimik und Stimme und fuhr fort:

»Aber jetzt gibt's erst mal Kakao und Käsekuchen mit Schlagsahne, o. k.?«

Damit starteten wir in einen jener lässigen Nachmittage, an denen wir uns nichts Besonderes vornehmen und einfach nur machen, was uns gerade einfällt.

Als wir später zur Heimfahrt aufbrachen, ging Julian zielstrebig zum Schirmständer und holte sein Gewehr wieder raus.

»Du hast gedacht, ich vergesse es, wie?« fragte er und sah mich mit verschmitztem Lächeln an.

»Ich hab es ein bißchen gehofft«, gestand ich und holte eine große Plastiktüte aus dem Garderobenschrank, »steck es wenigstens hier rein.«

»Wieso denn??« Julian war verblüfft.

»Weil ich nicht möchte, daß jemand dich mit einem Gewehr in der Hand aus meiner Tür kommen sieht.«

»Häh??«

Jetzt war er völlig ratlos, und ich war es auch; denn nun mußte ich eine verständliche Erklärung geben, eine Geschichte dazu erzählen und steuerte damit auf genau die Grundsatzdiskussion zu, die ich vermeiden wollte! Aber es half nichts:

»Das ist einfach so… also, ich hab schon mal einem kleinen Jungen aus unserer Gegend sein Gewehr weggenommen, weil er damit immer wieder auf mich gezielt hat. Da würde es nun nicht besonders gut aussehen, wenn du jetzt ganz locker mit einem Gewehr neben mir herläufst, oder?«

»Weil die Leute dann denken, es ist das Gewehr, das du dem Jungen geklaut hast?«

Julian schien das auf Anhieb einzuleuchten.

»Nein doch!« stellte ich schnell richtig. »Das Gewehr hab ich natürlich nicht geklaut; das hat die Mutter von dem Kind wieder abgeholt.«

»Und warum darf ich dann mein Gewehr nicht zeigen?«

»Weil ich nicht will, daß du so aussiehst wie eins von den

Kindern, die immer bloß mit Gewehren und Pistolen und all dem Schießzeug spielen, deswegen!«

»Aber ich spiel doch gar nicht bloß mit Schießzeug«, stellte Julian klar.

»Das weiß ich. Aber andere Leute wissen das eben nicht.«

Sofort merkte ich, was ich mir gerade für eine Falle gestellt hatte. Was tun, wenn er sich jetzt daran erinnert, daß ich ihn immer wieder dazu ermuntere, das zu machen, was er für richtig hält, und sich um die Meinung anderer Leute nicht zu kümmern!?

Um solchen Komplikationen zuvorzukommen, fragte ich ganz schnell, ob er noch wisse, wo wir den Wagen geparkt haben, und siehe, er wußte es und marschierte schnurstracks in die richtige Richtung – mit seiner Tüte, aus der oben ein klitzekleines Stück vom Gewehrlauf herausguckte ... Glück gehabt!

Aber wenigstens habe ich das getan, was ich mir immer vornehme: Auch wenn ich den Kindern ihren derzeitigen Geschmack nicht ausreden kann, so sollen sie von Fall zu Fall doch wissen, daß ich ihn nicht teile.

»Als ob ihnen das nicht völlig egal wäre!« war der belustigte Kommentar von Anita zu diesem Thema. »Du überschätzt deinen Einfluß, denke ich.«

Mag sein. Für den Augenblick mag das stimmen. Aber irgendwann einmal – wenn es um den ernsthaften Versuch einer festen Meinungsbildung geht – wird ihnen einfallen, was ihre Großmutter zu dieser Frage gesagt hat. Da bin ich ganz sicher. Schließlich habe ich selbst bis zum heutigen Tag die Stimme meiner Großmutter im Ohr, mit der sie mir riet: »Tu immer alles, so gut du kannst, und dann sei zufrieden. Mehr kannst du nicht tun!«

Na ja – auch so ein Spruch, der nicht unbedingt weiterhilft; aber einfallen tut er mir wenigstens!

Rollenwechsel unerwünscht!

Manchmal ist sie sorgfältig vorausgeplant, manchmal ergibt sie sich spontan am Telefon durch ein leicht hingestreutes »Dann-laß-es-doch-bis-morgen-bei-mir«, und manchmal ist sie die Folge eines abendlichen Hilferufs von der Sorte »Klaus-ist-noch-nicht-da-und-ich-muß-weg!«

Die Rede ist von der Übernachtung bei der Großmutter.

Ob nun geplant oder überstürzt beschlossen – beide Formen des ausgedehnten Besuches der Enkel sind ein großmütterliches Sonderangebot, ein kleines Extra im Kinderalltag.

Die geplante Übernachtung erweckt bei den Kindern die klareren Erwartungen: »Du hast doch gewußt, daß ich heute bei dir schlafe, wieso fällt dir dann keine neue Gutenachtgeschichte ein??«, während die spontane Besuchsüberschreitung jedes vorgefundene Chaos entschuldigt und jede Improvisation rechtfertigt: »Jetzt ist dein Nachtanzug gerade in der Wäsche; mal gucken, was wir für dich finden!« oder auch: »Im Schlafzimmer sieht es heute aus wie auf dem Flohmarkt, ich räume gerade meine Schränke auf!«

Dem Kind ist alles recht. Es interessiert sich brennend für jedes Stück, das aus Omas Schränken quillt, und es schläft mit Vergnügen in einem T-Shirt Größe 46; Hauptsache, es kann sich an ein paar feststehenden Gewohnheiten orientieren. Größere Abstriche am Programm kann es nicht leiden. Muß das Entenfüttern am nahen Teich ausfallen, weil weder trokkenes noch genug anderes Brot im Haus ist, und können mangels vorhandener Zutaten keine »Armen Ritter« gebakken werden, ist es schon ein bißchen beleidigt. Und sinnt augenblicks auf Ersatz-Wohltaten: »Dafür darf ich aber in deinem Bett schlafen!« oder: »Dann kann ich aber nach dem Abendessen noch fernsehen!«

Die Chance, daß ihm solche Sonderwünsche erfüllt werden, ist groß, denn in jedem Fall hat der Übernachtungsbesuch sehr lockere Gesetze und seinen ganz eigenen Charme. Kein Zeitdruck quält, und jedem zufälligen Einfall kann uferlos nachgegeben werden, dem Blättern in einem alten Lexikon ebenso wie dem andächtigen Auslegen von hundert und mehr Knöpfen auf dem Wohnzimmertisch. Auch das Herumstöbern in ganz gewöhnlichen Keller- oder Bodenräumen wird zum besonderen Vergnügen allein deshalb, weil der besorgte Blick auf die Uhr entfällt.

Übernachtungen also werden von beiden Seiten genossen. Oder?

Als ich Karla neulich anrief, um sie zu einem Kinobesuch zu animieren, sagte sie deutlich genervt: »Geht leider nicht! Simon ist seit vier Tagen bei mir, weil der Rest der Familie die Grippe hat. Keine Ahnung, wie lange er noch bleiben wird.«

»Na, dann macht euch mal weiter schöne Tage«, bemerkte ich aufmunternd, aber Karla schnaufte nur hörbar ins Telefon.

»Ich will dir was sagen«, erklärte sie nach kurzer Pause, »hier ist der schnöde Alltag eingekehrt und total der Lack ab! Wir müssen immerzu Schularbeiten machen, er will dauernd jemanden einladen, der Bruder fehlt ihm, und heute nachmittag hat er sich nur auf dem Sofa rumgelümmelt! Die personifizierte Langeweile!«

»Und was macht er jetzt?«

»Jetzt ist er beleidigt, weil ich ihm eine schauerliche Fernsehsendung abgedreht habe. – Und weißt du, was ich gestern zu ihm gesagt hab?«

»Na?«

»Genau das, was vor hundert Jahren meine Mutter zu mir gesagt hat: ›Kannst du dich nicht *einmal* vernünftig allein beschäftigen?‹ Ist das nicht schrecklich und deprimierend?«

»Nicht besonders«, fand ich. »Du bist nur von der Großmutterrolle ein bißchen in die Mutterrolle reingerutscht, das ist alles.«

»Da will ich aber nicht reinrutschen«, sagte Karla empört, »das hatte ich schon mal!«

»Dann denk dir eben was ganz Besonderes für den heutigen Abend aus – und schon bist du wieder Großmutter und nichts sonst!«

Ich legte schnell auf, bevor Karla mich nach dem »ganz Besonderen« für den Abend fragen konnte; und dachte nach.

Und wurde mir darüber klar, daß man wirklich ein Riesenglück hat, wenn man immer nur *die* Rolle im Leben spielen darf, die einem im Augenblick am besten gefällt.

Aber wem passiert das schon??

Wofür Belohnungen?

Nikolai kam bestgelaunt in die Küche gehüpft und fragte mit vorauseilender Zuversicht: »Krieg ich jetzt 'ne Belohnung?«

»Oh!« Die Zuversicht war nun ganz auf meiner Seite: »Hast du meine Brille gefunden?«

»Nein, ich hab alles aufgeräumt, womit wir gespielt haben. Alles!«

»Entschuldige mal«, dämpfte ich seine Selbstzufriedenheit, »das ist ja sehr schön, daß du aufgeräumt hast, aber eigentlich ganz selbstverständlich. Dafür gibt es doch keine Belohnung!«

»O. K.«, Nikolai gehört zu den Kindern, die schnell umschalten können, »dann krieg ich eben noch 'n Stück Kuchen. Das ist auch ganz selbstverständlich, oder?«

Das könnte man so sehen, wozu hatte ich den Kuchen schließlich gekauft; und im weiteren fand ich es auch in Ordnung, daß ich mich für die unaufgeforderte Hilfe beim Wäscheaufhängen und das klaglose Insbettgehen mit einer langen Gutenachtgeschichte revanchierte. Das sind einfach gegenseitige Nettigkeiten, die nichts mit jener Belohnungswelle zu tun haben, die derzeit ziemlich hochzuschwappen scheint in den Kinderzimmern: »Wenn du schön aufißt, kaufen wir nachher ein Eis«, oder: »Wenn ihr keinen Krach macht, während ich weg bin, bringe ich euch eine Überraschung mit!« Ja, wieso denn das?

»Es muß alles im Rahmen bleiben«, würde meine Mutter an

dieser Stelle gesagt haben, denn das sagte sie immer, wenn irgend etwas »auszuufern« drohte: der Übermut, die Musiklautstärke, die Verweildauer der Freunde oder der Leichtsinn beim Geldausgeben. Und allzu üppige Belohnungen fielen garantiert auch unter die zu vermeidenden Übertreibungen.

Ich erinnere mich: Bei Einsen oder auch Zweien auf dem Zeugnis wurde das Sparschwein mit kleineren Geldbeträgen gefüttert, und lohnen tat sich die Sache nur, wenn man genügend viele Onkel und Tanten hatte, die sich von den Zeugnisnoten ebenfalls beeindrucken ließen. Was nicht immer der Fall war. Einer meiner Onkel zum Beispiel hatte mein Zeugnis nach dem Lesen kopfnickend zur Seite gelegt und mit wichtiger Stimme gesagt: »Sehr gut, du scheinst es begriffen zu haben: Alles, was du heute lernst, wird sich in deinem späteren Leben bezahlt machen.«

Damit war die Sache für ihn erledigt, das Sparschwein blieb hungrig, und ärgerlicherweise hat nicht mal seine Prophezeiung gestimmt. Aber sehr verwundert war ich eigentlich nicht, denn ein ordentliches Zeugnis wurde von der Familie für völlig normal gehalten.

Das scheint inzwischen etwas anders zu sein; wenn ich auch nicht glauben kann, daß heutige Kinder dümmer sind, als wir es damals waren.

Auf jeden Fall hat mir Anita gerade erzählt, daß es in der Klasse ihrer Enkelin einen Jungen gibt, dem die Eltern ein Mountainbike versprochen haben, wenn es ihm gelänge, bloß *eine* und nicht die versetzungsgefährdenden zwei oder drei Fünfen nach Hause zu bringen!

»Man könnte denken«, kommentierte Anita diesen sie empörenden Vorgang, »daß heutige Eltern grundsätzlich auf das Schlimmste gefaßt sind und Belohnungen schon als Mittel zur Schadensbegrenzung einsetzen!«

»Immerhin muß das Kind in diesem Fall wirklich was leisten«, fand ich, »denn die Vermeidung von Fünfen in ungeliebten Schulfächern kann schon eine gewaltige Anstrengung sein!«

»Dann überleg schon mal, ob du deinen Enkeln demnächst auch neue Fahrräder schenkst, wenn sie nicht sitzenbleiben!«

»Könnte sich irgendwann durchaus rechnen«, überschlug ich schnell, »ein ganzes eingespartes Jahr mit all den teuren Klassenfahrten, Sportsachen und womöglich Nachhilfestunden – da käme ein Fahrrad billiger!«

Anita seufzte, und dabei fiel ihr ein, daß sie für eine der größten Anstrengungen ihres Lebens nie eine Belohnung bekommen hatte: Beim jährlichen Familientreffen zum Geburtstag des Großvaters nämlich durfte sie sich unter Androhung härtester Strafen nicht mit ihrem Cousin Eberhard zanken!

»Er war aber ein grauenvoller Wichtigtuer, und es hat mich übermenschliche Beherrschung gekostet, ihm das nicht zu sagen!«

Schade eigentlich, daß Selbstüberwindung soviel seltener belohnt wird als ein aufgeräumtes Zimmer – man braucht sie später doch so dringend …

»Die komische Frau Meier will immerzu mit mir reden«, beklagte sich Julian neulich, »ich renne jetzt einfach weg, wenn ich sie sehe!«

»Da wird sie traurig sein«, sagte ich und erklärte ihm ganz behutsam, daß Frau Meier das ist, was wir alle mal nicht sein wollen: alt, arm und allein.

Wenige Tage später sprach mich Frau Meier an: »Sie haben aber einen reizenden Enkel. Wir haben uns vorhin ganz lange unterhalten.«

Ich beschloß, mir etwas besonders Nettes für Julian auszudenken. Er muß ja nicht merken, daß es sich um eine Belohnung handelt.

Wollen Sie mal sehen, was Lilli gemalt hat?

Natürlich interessieren sich echte Großmütter nicht nur für die eigenen Enkel, sondern auch für die ihrer Freundinnen und Bekannten. Und nicht nur für die Enkel als solche, sondern auch für das, was sie basteln, zeichnen oder sonst so auf die eine oder andere Weise produzieren. Anders läßt sich der Entwicklungsstand des eigenen Nachwuchses auch gar nicht recht feststellen – wie der Mensch sich ja überhaupt nur durch Vergleiche mit anderen definieren läßt.

Soweit die Theorie. Aber ach, die Praxis!

Es ist ja schon nicht leicht, aus dem Stand heraus in freudiges Erstaunen zu verfallen, wenn die eigenen Enkelkinder uns ihr schnell und selbstbewußt Gemaltes und Gekritzeltes unter die Nase halten – nicht immer schließlich handelt es sich um rahmungswürdige kleine Kunstwerke oder Beweise hoffnungsvoller Frühbegabung. Man muß dann im Zweifelsfalle an der untersten Grenze des erwarteten Lobes bleiben, und damit können Kinder auch ganz gut umgehen. Großmütter weniger. Wenn etwa eine benachbarte Großmutter uns mit einem ganzen Stoß von Zeichenblättern in der Hand entgegenkommt, dann strahlt sie schon von weitem vor Stolz darüber, daß sie uns gleich ein großes Vergnügen bereiten wird: »Möchten Sie mal sehen, was Lilli gestern gemalt hat??«

Man möchte nicht immer, und man könnte natürlich

schlicht sagen: »Ich hab jetzt gerade etwas anderes im Kopf, ich gucke mir das später an.« Aber meistens macht man das nicht. Die fremde Großmutter erinnert einen plötzlich an den Hausierer aus alten Zeiten, dem man immer und auf jeden Fall etwas abgekauft hat – und sei es nur eine Streichholzschachtel –, weil er auf die paar Pfennige an der Haustür so sehr angewiesen war. Vielleicht ist die Großmutter ebenso dringend darauf angewiesen, daß man ihre Enkelin Lilli bewundert?

Also sieht man sich alles an und spendet Lob. Ganz egal, was man zu sehen bekommt.

Unter Freundinnen läuft die Geschichte natürlich unkomplizierter und weniger feinfühlig:

»Willst du mal sehen, was Simon gemalt hat?«

»Klar, aber nicht gleich, wenn's geht.«

»Nun stell dich nicht so an, du wirst doch einen Blick drauf werfen können!«

Sie hat recht, und ich betrachte sofort ganz gründlich und genau die Eisenbahn, die Simon mit kühnem Strich aufs Papier geworfen und anschließend bunt ausgemalt hat. Sieht nicht schlecht aus, aber Simon ist ja auch schon elf Jahre alt, und dafür ist es nun wieder nicht so bemerkenswert. Julian hat so was schon mit sechs Jahren gezeichnet – das fällt mir natürlich sofort ein. Aber ich sage nur: »Sehr dekorativ. Wirst du's aufhängen?«

»Ach was«, sagt Karla und lacht, »so toll ist es nun auch wieder nicht. Das kommt zu den anderen Zeichnungen in meine Mappe. Ich wollt's dir ja nur mal zeigen, und wenn ich mich recht erinnere, hat Julian so was schon mit fünf Jahren gemacht, oder?«

»Mit sechs«, verbessere ich bescheiden, »aber dafür hat er VOGEL gerade mal wieder mit ›F‹ geschrieben!«

»VATER mit ›F‹ wäre schlimmer«, tröstet Karla, und ich

stelle fest, daß ich diese Freundin wirklich noch genauso gern mag wie vor dreißig Jahren. Sie kann alles, was ihre Enkel angeht, so wundervoll objektiv beurteilen. Ich natürlich auch; und als Nikolai mich gestern vor ein raumgreifendes Gebilde aus Pappe, Papier und sehr, sehr viel Klebeband führte und es mir als eine Autowaschanlage präsentierte, da sagte ich ganz gnadenlos und absolut objektiv: »Das ist alles ein bißchen schief und krumm geworden, wie?«

»Schadet doch nichts«, wurde ich belehrt, »es fahren ja auch keine richtigen Autos rein.«

»Natürlich nicht. Aber trotzdem könnte alles etwas gerader und genauer sein.«

»Warum?«

»Ja, warum«, langsam kam ich mir kleinlich vor, »weil ... also ich dachte, du wolltest es möglichst so bauen wie in Wirklichkeit ...«

»Wollte ich gar nicht. Da müßten ja dann die großen Bürsten rein, und es müßte Wasser rauslaufen. Aber gut«, sagte er und wurde nachdenklich, »mit dem Wasser, das könnte ich noch machen, da nehm ich einfach ...«

»... Halthalt!« bremste ich. »Kein Wasser! Du hast völlig recht, es muß nicht alles so sein wie in Wirklichkeit, das wär ja langweilig!«

Und dann ließ ich mir alles noch mal ganz genau erklären. Die Einfahrt und den Kassenraum und die farbenprächtigen Gemälde, die die Fassade dieses kühn gestalteten Autowaschsalons verschönen. Das soll mal erst einer nachmachen!

Zum Schluß war Nikolai so beeindruckt von meiner positiven Begutachtung, daß er ein überaus großzügiges Angebot machte: »Ich schenk's dir zum Geburtstag!«

»Oh, ich hab doch leider viel zuwenig Platz!« bedauerte ich schnell. »Aber Mama wird dir bestimmt sagen, wo du dein schönes Modell hinstellen kannst!«

Daß Mama das tun wird, ist allerdings nicht sicher, und im Zweifelsfall, ich meine, zur Not könnte ich ja die Koffer auf meinem Kleiderschrank ein bißchen zusammenschieben, so groß ist die Autowaschanlage nun auch wieder nicht.

Und eines jedenfalls ist ganz sicher: Diese wunderbare Kreativität, die in einem Kind steckt, die muß man – gerade als Großmutter – auf jede Weise fördern und unterstützen. Bei den eigenen – und bei fremden, möglicherweise ja auch nicht ganz unbegabten Enkelkindern!

Gib bloß nicht so an!

Seit vier Wochen habe ich eine neue Nachbarin, mit der ich noch keine drei Worte gewechselt habe. Aber heute standen wir bei schönem Wetter gemeinsam vor der Haustür, nickten uns zu und stellten dann fest, daß wir beide auf eines unserer Enkelkinder warteten.

»Heute kommt Vanessa«, sagte die Nachbarin und fügte hinzu, »ein liebes Mädchen, aber zur Zeit geht sie allen auf die Nerven, weil sie so furchtbar angibt und sich ständig in den Vordergrund spielt! Sind Ihre auch so?«

Ich fühlte mich überrumpelt. Sind meine auch so? Angeber? Wichtigtuer? Aber was heißt überhaupt »angeben«? Das müßte man ja erst einmal definieren!

Vanessas Ankunft enthob mich zum Glück der Antwort. Das Kind entstieg einem sofort weiterfahrenden Auto, war schätzungsweise fünf Jahre alt und hüpfte fröhlich auf seine Großmutter zu. Dann fiel ihr Blick auf mich, sie vergaß die Oma und fragte mit gewinnendem Lächeln: »Rate mal, was ich kann!«

»Da haben Sie es«, murmelte ihre Großmutter, aber ich sagte schnell: »Lassen Sie doch« und fing an zu raten:

»Kannst du vielleicht schon bis 10 zählen? Oder ein Gedicht aufsagen? Eine Schleife binden oder deinen Namen schreiben?«

»Alles falsch!« strahlte Vanessa, und dann warf sie ihre kleine Tasche beiseite und fing an radzuschlagen. Drei-vierfünfmal hintereinander, nicht gerade olympiaverdächtig, aber immerhin als »Radschlagen« erkennbar. Dann stand sie schnaufend vor mir.

»Na?!«

»Toll kannst du das«, sagte ich anerkennend und »na ja«, sagte meine Nachbarin seufzend, »dann heb mal deine Tasche wieder auf und komm rein«.

Ich warf Vanessa noch einen aufmunternden Blick zu und versank augenblicklich, wie so oft, in einer Bilderflut der Erinnerung: Ich sah die eine Tochter vor mir, wie sie, in einen wahren Rausch des Seilspringens geraten, es tatsächlich bis zu hundert und mehr Hopsern gebracht hatte, aber nur dann zufrieden war, wenn ich neben ihr saß und mitzählte. Verhedderte sie sich vor der magischen Zahl »100«, ging das Zählen und Springen unweigerlich noch einmal von vorne los ...

Ich sah die andere Tochter, die erwartete, daß wir jeden kleinen Fortschritt ihres Blockflötenspiels sofort bemerkten und bewunderten, und die bei der Anfertigung einer Holzperlenkette nach jeder dritten eingefädelten Perle angelaufen kam, um sich die geschickte Farbzusammenstellung bestätigen zu lassen ...

Tun Kinder überhaupt je irgend etwas nur für sich selbst? Wollen sie nicht immer zeigen, was sie schon können, und wie wunderbar klug, geschickt und einfallsreich sie sind? Und – letzte und etwas zögerliche Überlegung – sind Erwachsene überhaupt anders? Signalisieren sie nicht mit allem, was sie tun und anstreben, ihrer Umwelt: »Guck mal, was ich kann!«? Ob als Leistungssportler, Künstler, Politiker, Gärtner, Friseur oder Privatmensch?

Und da kam Nikolai schon auf seinem Fahrrad um die Ecke gesaust. Freihändig!

»Hast du gesehen??« fragte er stolz, nachdem er mit kühnem Satz abgesprungen war.

»Fabelhaft«, sagte ich anerkennend, »hab ich nie gekonnt! Aber mach das bitte nur, wenn du genug Platz auf der Straße hast, o. k.?«

Er nickte, aber das hat natürlich gar nichts zu sagen ...

Warum eigentlich, überlegte ich später, sollten wir die Kinder bremsen in ihrem Bemühen, sich und uns zu zeigen, was sie schon alles können?

»Sollten wir ja gar nicht«, stellte Anita richtig, »jedenfalls nicht, wenn sie uns wirklich was bieten! Aber wenn Melinda sich hinstellt und die blödesten Grimassen schneidet – dann muß ich doch nicht in Begeisterung ausbrechen, oder?«

»Mitnichten«, bestätigte ich, »wende dich nur ruhig mit Abscheu. Es genügt, daß du begeistert bist, wenn sie sich gemerkt hat, wo du deine Brille hingelegt hast oder in welche Ecke deine Vitamintablette gerollt ist.«

»Danke, daß du nicht auch noch mein Rheumahemd und meine Einlagen erwähnt hast!« bemerkte Anita. »Und im übrigen hab ich Melinda schon als Zweijährige dafür gelobt, daß sie – im Gegensatz zu mir – ihren großen Zeh in den Mund stecken kann! Trotzdem schneidet sie heute Grimassen!«

»Spaß muß ja auch sein«, murmelte ich da nur noch ...

Der richtige Umgang mit Gefühlen

»Kümmern Sie sich einfach nicht drum, wenn Annette sich kreischend auf dem Boden herumwälzt, sie hört damit von ganz allein wieder auf!« riet mir die junge Nachbarin, bei der ich für ein paar Stunden als Babysitter einsprang, und sie war kaum weg, als der befürchtete Ausbruch auch schon eintrat: Schluchzend und schreiend warf sich das Kind zu Boden, von Kummer und Wut geradezu zerrissen: »Meine Mama soll nicht weggehen! Ich hab Aaangst!«

Ich war schon fast dabei, dem Kind mit aller pädagogisch immer so empfohlenen Festigkeit zu bedeuten, daß es keinen Grund gäbe, sich zu ängstigen, schließlich sei ich da und die Mama komme auch in Kürze zurück; und es solle bitte mit der Brüllerei aufhören!

Aber da fiel mir ein, daß ich unlängst in einem Artikel gelesen hatte, man dürfe Kindern ihre Gefühle niemals ausreden, müsse diese vielmehr zunächst RÜCKKOPPELN! Also koppelte ich rück und sagte freundlich: »Du denkst immer, die Mama könnte am Ende doch mal nicht zurückkommen, und das macht dir angst, nicht wahr?«

Und – o Wunder! – das Kind hob kurz den Kopf, sah mich erstaunt an und weinte dann schon ein bißchen leiser weiter.

So ermutigt, fuhr ich fort zu beteuern, daß ich seine Angst verstünde, denn schließlich sei es noch klein und brauche seine Mama sehr.

Innerhalb weniger Minuten hatte ich Annette auf dem

Schoß und konnte zu Teil 2 des Artikels übergehen: Ich erklärte ihr, daß die Mama immer sehr auf sich aufpassen würde und ganz bestimmt wiederkäme und daß wir bis dahin einfach »Puppendoktor« spielen würden.

Und das taten wir dann.

Später fiel mir eine Geschichte aus meiner eigenen Kindheit ein. Ich ging noch nicht zur Schule und befand mich in einer typischen Mutter-Kind-Bilderbuch-Situation: gemütlich und herzerwärmend. In diese Idylle platzte unverhofft mein Vater. Er hatte es eilig, er war hungrig, er mußte etwas Dringendes mit meiner Mutter besprechen. Meine Mutter sprang auf und folgte ihm ins Wohnzimmer, mein Protest wurde abgewehrt: »Du siehst doch, ich muß mich jetzt um Papi kümmern!«

Am Abend dann die zornig-verstockte Mitteilung an meine Mutter: »Ich kann den Papi nicht leiden!« Meine Mutter war empört: »Was redest du denn da?! Der Papi ist so ein guter Papi, und du hast ihn doch lieb!«

Ich widersprach heftig, und es endete mit meiner Forderung, die Mutter möge meinen Vater wegschicken, ganz weit weg! Worauf sie wütend das Kinderzimmer verließ. Noch tagelang hat sie mir in Abständen erklärt, daß ich ein undankbares Kind sei und so einen lieben Vater gar nicht verdient hätte. Dabei hätte sie mir offensichtlich nur sagen müssen, daß sie meinen Zorn versteht und daß sie es auch immer sehr ärgerlich findet, wenn sie bei einer schönen Beschäftigung gestört wird! Aber es hatte ihr eben niemand erklärt, daß man Kindern auch und gerade ihre negativen Gefühle nicht ausreden darf...

»Was heißt ›Kinder‹?« bemerkte Karla, als ich dieses Thema ansprach, »Erwachsene reagieren doch nicht anders. Oder was, glaubst du, passiert, wenn ein Mann wutentbrannt nach

Hause kommt, seine Aktentasche auf die Diele schmeißt und losbrüllt, daß er diesen widerlichen arroganten Meier eines Tages noch umbringen wird! – und seine Frau kommt daher und sagt mit sanfter Stimme: ›Aber Liebling, beruhige dich doch! Der Herr Meier ist doch eigentlich ganz nett.‹ Na? Was wird passieren?«

»Du hast recht«, gab ich zu, »der arme Mann wird nunmehr seine Frau anbrüllen und ihr klarmachen, daß sie ja nicht mit diesem Ekel zusammenarbeiten muß. Sie ja nicht!«

»Sag ich doch«, bestätigte Karla, und wir beschlossen, nunmehr auch wirklich nach unseren Einsichten zu verfahren. Egal, ob es um Kinder oder um Erwachsene geht. Gefühle werden erst mal rückgekoppelt und dann behutsam relativiert.

Die Probe aufs Exempel kam schnell. Ich war nachmittags mit dem siebenjährigen Stefan am Rodelberg gewesen, und erst gegen Abend fiel mir ein, daß der Schlitten noch draußen vor der Tür stand.

»Holst du ihn mal schnell in den Hausflur?« sagte ich, aber Stefan schüttelte den Kopf:

»Jetzt ist es ja schon dunkel, da hab ich Angst.«

Fast war ich dabei, zu sagen: »Ach was, du hast doch keine Angst! Wovor denn auch?«, aber dann bremste ich mich und sagte lieb und verständnisvoll: »Du kennst dich hier nicht so gut aus wie zu Hause, nicht? Und da ist es dir im Dunkeln ein bißchen umheimlich, ich verstehe.«

Stefan nickte dankbar, und ich fuhr fort: »Wir machen einfach überall Licht an, und ich bleibe oben an der Tür stehen, o. k.?«

Aber was kam nun?

»Der ist zu schwer für mich, der Schlitten, den kann ich nicht reintragen!«

»Zieh ihn einfach rein, es sind ja nur drei Stufen.«

»Kann ich auch nicht.«

Und da machte ich es wie diese dynamischen jungen Väter in amerikanischen Fernsehfilmen und sprach mit fester, siegessicherer Stimme: »Doch, das kannst du! Ich weiß, daß du es kannst! Du schaffst das!« Vorsichtshalber fügte ich noch – wieder ganz deutsche Großmutter – hinzu: »Nun mach schon, wir wollen doch noch ›Memory‹ spielen.«

Stefan stöhnte ein bißchen, und dann holte er den Schlitten ins Haus. Na also.

Ich will sagen, das darf einem natürlich auch nicht passieren, daß man echte Gefühle mit faulen Ausreden verwechselt!

Die lieben Freunde

Wenn ich den Erzählungen meiner Mutter Glauben schenken will, so suchten Eltern »seinerzeit« für ihre Kinder nicht nur die Kleidung, sondern auch die Freunde aus. Den »Umgang« eben.

»Heute nachmittag kommt Tante Hilde mit der kleinen Paula«, hieß es zum Beispiel, »ihr könnt dann wieder schön zusammen spielen.« Punktum.

Natürlich ist es heutigen Eltern auch nicht egal, mit wem ihre Kinder kichernd unterm Tisch sitzen und sich allerlei Unfug zuflüstern, aber im Zeitalter pädagogisch verstandener Kindergärten und Vorschulklassen haben auch die jüngeren Kinder längst die Initiative ergriffen: »Karoline liebt mich!« hatte der vierjährige Sohn einer Nachbarin seiner Mutter stolz mitgeteilt, um gleich hinzuzufügen: »Ihre Mutter geht heute abend weg. Kann sie bei mir schlafen?«

Daß aus dieser Übernachtung nichts wurde, lag lediglich an einem bereits bestellten Babysitter, denn üblicherweise läuft der von Kindern selbst arrangierte Besuchsservice sehr erfolgreich. Wenn auch oft ohne Wiederholung.

Als ich Julian neulich fragte, wie das Wochenende mit Schulfreund Max gewesen sei, kam die empörte Antwort: »Er wollte überhaupt nichts Richtiges mit mir spielen, und alles fand er blöd! Sogar meine Eisenbahn! Papa hat ihn gleich morgens wieder nach Haus gefahren!«

Na, ist das nicht großartig, wenn Kinder über ihre selbstbestimmten Verabredungen so schnell und ganz allein herausfinden können, wer (zu) ihnen paßt oder nicht!?

Allerdings – sollte so ein Besuchstag in voller Harmonie und Eintracht enden, sagt das noch lange nichts darüber aus, ob auch die Eltern für diese so wunderbar begonnene Freundschaft die entsprechende Begeisterung aufbringen.

Tun sie das nicht, werden sie – wie eh und je – versuchen, Freund oder Freundin aus Kinderherz und Kinderzimmer wieder zu vertreiben. Ihre Methoden allerdings sind nicht mehr die gleichen wie früher.

Meine Mutter jedenfalls hätte in einem Fall äußerster Mißbilligung meiner erwählten Freundschaften kurz und bündig gesagt: »Dieses Kind kommt mir nicht mehr ins Haus!«, denn wenn sie glaubte, ihren Nachwuchs vor Ungutem schützen zu müssen, dann tat sie das sofort und gründlich. Eingesehen haben wir solche Anordnungen natürlich nie, und unterlaufen haben wir sie, so gut wir konnten.

Was ich selbst später in solchen Fällen sagte? Ich fürchte, ich appellierte – ebenso unfair wie aussichtslos – an das vermeintliche Urteilsvermögen der Kinder: »Ich kann nicht glauben, daß dir ausgerechnet dieser Junge so gut gefällt! Du hast doch sonst einen guten Geschmack!«

So oder ähnlich. Vielleicht klang das schon besser, doch einfühlsam war es auch nicht gerade.

Aber einen Versuch hab ich ja noch frei!

Als Nikolai mir daher neulich erklärte, daß er einen »echt coolen« neuen Freund habe, sagte ich sofort freudig interessiert: »Wunderbar! Erzähl mal, wie ist er denn so?«

Dann erfuhr ich, daß Axel jede Menge »total echt« aussehende Pistolen besitze, immer viel Geld dabei habe und soviel fernsehen dürfe, wie er wolle – und es gelang mir wirklich, meinen Mund zu halten und wohlwollend zu bleiben.

»Lad ihn doch ein, wenn ich das nächste Mal bei euch bin!«

Axel kam wirklich. Nikolai strahlte, daß er diese Attraktion von Knaben tatsächlich ins Haus gelockt hatte, ich beobachtete unauffällig, aber scharf und kam zu folgendem Ergebnis:

1. Mächtiger Angeber, dieser Axel. (Macht nichts, gibt sich wieder.)
2. Verwöhnt mit Geld und Gütern. (Nicht seine Schuld.)
3. Nikolai gegenüber dominant und unduldsam. (Mißfiel mir sehr.)

»Wie findest du ihn?« erkundigte sich Nikolai, kaum daß die Tür hinter Axel zugefallen war. »Kannst du ihn leiden?«

»Ich finde, er ist nicht besonders nett zu dir.«

»Wieso??«

»Er hat dich behandelt, als ob du sein Diener wärst und er der König.«

Trotziger Blick und dann das bekannte: »Na und??«

»O. K. – wenn es dir nichts ausmacht. Aber wie soll *ich* jemanden leiden können, der dich schlecht behandelt?«

Ich bemühte mich, nur die reinste Liebe und Güte auszustrahlen, und fügte noch hinzu: »Vielleicht ändert er sich ja auch; paß einfach auf und laß dir nicht alles gefallen.«

Nikolai nickte stumm und verschwand dann in seinem Zimmer.

War das nun so richtig?

In irgendeinem Sprichwort heißt es: »Höre nie auf, an dir selbst zu zweifeln!« Oder hieß es »... an dich selbst zu glauben«? Egal. Das Thema »Freunde« bleibt uns garantiert erhalten, und vermutlich muß man sich jedesmal von neuem überlegen, ob und in welcher Form man sich als Großmutter einmischt. Und sollte einem mal gar nichts einfallen, auch kein Problem: Das Kind hat ja schließlich Eltern!

Das durften wir nie!

»Sag mal, stimmt das?« erkundigte sich meine Tochter am Telefon, und es klang ungläubig, mit einer kleinen Beimischung von Empörung. »Die Kinder haben erzählt, sie hätten deinen ganzen Kleiderschrank ausgeräumt und mit sämtlichen Sachen, einschließlich deiner Nachthemden, ›Verkleiden‹ gespielt!«

Ich bekannte, daß es so war, und erwartete mit Fassung jenen Satz, der jetzt unweigerlich folgen würde: »Wir durften so was nie!«; aber meine Tochter interessierte zunächst noch etwas anderes: »Und? Haben sie alles zerknittert, und sind Knöpfe durch die Gegend geflogen?«

»Keine Ahnung, ich hab das noch nicht kontrolliert. Auf jeden Fall war's ein ideenreich ausgefüllter, sehr amüsierlicher Nachmittag.«

Eine Weile war es still auf der anderen Seite, dann kam die sachliche Frage: »Du weißt hoffentlich noch, wie du dich angestellt hast, als ich mal mit deiner dunkelroten Seidenbluse in die Disko gegangen bin?«

Natürlich wußte ich das noch. Die Bluse war das Ergebnis eines meiner seltenen leichtfertigen Einkäufe gewesen, teuer, edel und mit Pailletten bestickt. Nach dem töchterlichen Ausflug nur noch stellenweise glitzernd, konnte von »edel« keine Rede mehr sein. Aber erst mal sagte ich nur: »Da gibt es ein paar Unterschiede zu der gestrigen Verkleidungsaktion: Erstens: Du hattest mich damals nicht gefragt ...«

»... wenn ich gefragt hätte, hätte ich sie ja nicht anziehen dürfen, oder?« kam die schnelle Zwischenfrage.

»Natürlich nicht«, bestätigte ich, »denn zweitens: Ich fand mich just in dieser Bluse selber besonders schick, und schließlich drittens: Sie hatte ein Schweinegeld gekostet und war nach deiner Disko-Tour zum Wegschmeißen. Und schließlich und endlich: Du wirst von mir nicht verlangen, daß ich mich heute noch über dieselben Sachen aufrege wie vor zwanzig Jahren!«

»Schade, daß diese Traumbluse damals nicht der Omi gehört hat«, stellte meine Tochter mit hörbarem Grinsen fest, fuhr dann aber gleich fort: »Noch was anderes: Angeblich dürfen die Kinder abends im Bett noch Mickymaus-Hefte lesen und das Licht dann irgendwann selber ausmachen. Da frage ich mich doch ...«

Jetzt fiel ich ihr ins Wort: »... ich weiß, ich weiß: Ihr durftet das nie! Aber ihr habt unter der Bettdecke mit der Taschenlampe weitergelesen! Also – dann doch schon lieber über der Bettdecke, ohne Verbot und mit gutem Licht, oder?«

»Also wirklich«, sagte die Tochter mit Nachdruck, »langsam wundere ich mich, daß aus uns noch halbwegs vernünftige Menschen geworden sind – wo du doch alles falsch gemacht hast!«

»Ich hab ja auch noch geübt«, sagte ich entschuldigend.

Als die Enkelkinder mich wenig später besuchten, inspizierte Nikolai als erstes Speisekammer und Kühlschrank, während Julian sofort im Keller verschwand, um nach einer alten Dampfmaschine zu suchen, die er dort schon mal gesehen zu haben glaubte. Nach erfolgloser Suche tauchte er wieder auf, leistete seinem Bruder beim Aufessen einer Tafel Nußschokolade Gesellschaft, und dann beschlossen beide, aus eingeweichtem Zeitungspapier und allerlei weiteren matschigen Zutaten Tierfiguren herzustellen. Mein halbherziger Protest blieb stecken, weil sie so flehentlich versicherten, sie hätten »sooolche Lust« dazu; und damit begann ein ungeplant verkleisterter Nachmittag. Zwischendurch sagte ich in verpäteter Einsicht:

»Das hättet ihr eigentlich auch zu Hause machen können«, aber das wurde sofort einstimmig zurückgewiesen:

»Wir können Mama doch nicht die ganze Küche versauen!« und »Die hat doch sowieso schon so viel zu tun!«

Bevor ich darauf hinweisen konnte, daß auch ich einiges zu tun habe, kam die unbestreitbare Ergänzung:

»Bei dir sind wir ja nicht jeden Tag.« Und dann: »Bei dir ist sowieso alles anders!«

Ehe aber der Verdacht aufkommen konnte, daß bei mir alles nicht nur anders, sondern etwa auch besser sein könnte, bekannte Nikolai:

»Aber du nervst uns manchmal auch ganz schön.«

Und dann erfuhr ich, daß meiner Großzügigkeit auf der einen eine ausgesprochene Engherzigkeit auf der anderen Seite entspricht: Mein Getue, wenn sie mit ihren Plastikpistolen herumspielen oder plötzlich aufeinander einhauen, meine unerwartete Humorlosigkeit, wenn sie andere Leute ärgern oder blöde Ausdrücke benutzen.

»Aha«, sagte ich nach dieser Aufklärung. Mehr fiel mir im Augenblick nicht ein. Aber Julian fiel noch was ein:

»Wenn alles genauso wäre wie zu Hause, wär's ja langweilig.«

Und Nikolai ergänzte mit schöner Sachlichkeit:

»Dann brauchten wir ja gar nicht zu kommen.«

Lassen wir's einfach dabei:

Großmütter mögen sein, wie sie wollen – auf jeden Fall ist bei ihnen alles anders; und da das für die Enkelkinder nicht ohne Reiz zu sein scheint, kann es wohl auch so bleiben …